Poemas con historia

Del amor nace la poesía

POEMAS CON HISTORIA

DEL AMOR NACE LA POESÍA

BONIFACIO LÓPEZ BAYLÓN

Copyright © 2023 Bonifacio López Baylón, Todos los derechos reservados.

Ninguna parte de esta publicación podrá ser reproducida, almacenada en un sistema de recuperación o transmitido de ninguna manera ni por cualquier medio, ya sea electrónico, mecánico, mediante fotocopias o grabaciones, sin permiso previo de Hola Publishing Internacional.

Los puntos de vista y opiniones expresados en este libro pertenecen al autor y no reflejan necesariamente las políticas o la posición de Hola Publishing Internacional. Cualquier contenido proporcionado por nuestros autores es de su opinión y no tiene la intención de difamar a ninguna religión, grupo étnico, club, organización, empresa, individuo o persona.

Para solicitudes de permisos se debe escribir a la editorial, dirigido a "Atención: coordinador de permisos", a la siguiente dirección.

Hola Publishing Internacional
Eugenio Sue 79, int. 4, Col. Polanco
Miguel Hidalgo, C.P. 11550
Ciudad de México, México

Primera edición, Noviembre 2023
ISBN: 978-1-63765-527-6

La información contenida en este libro es estrictamente para propósitos informativos. A menos que se indique otra situación, todos los nombres, personajes, negocios, lugares, eventos e incidentes en este libro son producto de la imaginación del autor o usados de manera ficticia. Cualquier parecido con personas reales, vivas o muertas, o eventos actuales, es pura coincidencia.

Hola Publishing Internacional es una empresa de autopublicación que publica ficción y no ficción para adultos, literatura infantil, autoayuda, espiritual y libros religiosos. Continuamente nos esmeramos para ayudar a que los autores alcancen sus metas de publicación y proveer muchos servicios distintos que los ayuden a lograrlo. No publicamos libros que sean considerados política, religiosa o socialmente irrespetuosos, o libros que sean sexualmente provocativos, incluyendo erótica. Hola se reserva el derecho de rechazar la publicación de cualquier manuscrito si se considera que no se alinea con nuestros principios. ¿Tiene una idea para un libro que quisiera que consideremos para publicación? Por favor visite www.holapublishing.com para más información.

Este libro está dedicado a todas aquellas personas que viven el amor en todas sus expresiones, pues cada quien se enamora, siente, vive, es feliz o sufre en carne viva el amor y sabe perfectamente que de ahí nace la poesía. Es por eso que gustan los poemas, porque, individualmente, cada persona forja en su vida amorosa su propia historia y, aunque parecidas, de alguna forma cada una es diferente, es única.

De igual manera, se lo dedico a todas aquellas personas que no les gusta la poesía o ignoran lo bello que es el amor expresado en un poema, en cada verso y cada rima. Sin que se den cuenta, su vida sentimental, de cualquier forma en que la estén viviendo, felizmente, mal correspondida, traicionada o de alguna otra manera, será siempre una historia de amor única, y se darán cuenta de que la poesía esta ahí y existe precisamente para eso, para escribir su propia historia de amor.

Tambien se lo dedico a todas aquellas personas a las que sí les gusta la poesía, ya que estas tienen su mente, su alma y todo su ser muy sensible, y vibran, sufren, sienten hasta lo más profundo de su ser el amor en todas las maneras posibles en que este se presenta. El amor es dolor, sufrimiento, pasión, rencor, sacrificio y abnegación, y al tipo de personas sensibles les apasiona mucho la poesía.

Índice

Prólogo	17
Mi historia	19
La rosa	21
Las maestras	23
A la maestra, con cariño	25
Valor para el amor	27
Tú	29
¿Qué es el amor?	31
¿Qué es?	33
Te extraño	35
Pensando en ti	37
Nuestra pasión	39
Pasión	41
El amor	43
El amor	45

Todos tienen amor	47
Y yo sin ti	49
Palabras deseadas	51
Te quiero	53
El amor lo es todo	55
Amantes	57
Flores marchitas	59
Como flores marchitas	61
Amor prohibido	63
A escondidas	65
La mujer	68
Mujer	70
Obedece a tu corazón	72
Amor al instante	74
Engaño y traición	77
Traicionera	79
Engaño y venganza	81
Hombre traicionero	82
Sólo recuerdos quedan	84

Recuerdos	86
¿El amor duele?	89
Dolor de amor	91
La mujer y el hombre	93
La mujer y el hombre	95
Dónde estás ahora	97
Dónde estarás	99
Tú y yo	101
Tú y yo	103
Quiero ser parte de ti	105
Quisiera ser	107
Sueño surreal	110
Sueño profundo	112
Me arrepiento	115
Ocaso	117
El vino	119
Vino	120
Me has embrujado	122
Brujería	124

Para las madres	127
A mi madre	129
Mi madre y sus recuerdos	131
Recordando a mi madre	133
Una pequeña ayuda	136
Perdón, mamá	138
Profesión: jardinero	140
Mi jardín	142
La primavera	144
Primavera	146
Loco por la novia	148
Mi novia	150
Al padre	152
El padre	154
La amistad	157
Amistad	159
Para los hermanos	161
Hermanos	163
Mi hija	166

Mi niña	168
Un nivel más	170
Campeón	172
Los niños	174
Los niños	176
Los hijos	178
Hijos	180
Los nietos	182
Mis nietos	184
Algo mágico	187
Magia	189
La nostalgia	191
Nostalgia	193
La soledad	195
Soledad	197
Vive la vida	199
Vive	201
Reflejo	203
Reflejo	205

Sacrificio de amor	208
Sacrificio	210
La luna (Ella)	212
Luz de luna	214
La luna (Él)	216
Luz de luna	218
La lluvia	220
La lluvia	221
La libertad	223
Libre	225
Calor	227
Frío y calor	229
Mar y arena	231
El mar	233
Las mujeres del mundo	235
Las mujeres de mi vida	237
El tiempo	239
El tiempo	241
Amor instantáneo	243

Mujer perfecta	245
Coronavirus mortal	247
Nunca pensé	249
Cívicamente	251
Acróstico a mi bandera	253
El mundo	255
Mi mundo	257
La tierra	258
Mi tierra	260
Nuestro México	261
México	263
Espiritualmente	266
Mi plegaria	268
Mi lupita	271
Madre mía de guadalupe	273
¿Qué religión seguir?	275
Dora maría	277
Agradecimientos	279

Prólogo

Les presento mi libro de poemas, libro que cuenta con un ingrediente diferente a los que se han escrito, porque la mayoría de los poemas de este libro están escritos de manera sencilla, con palabras y oraciones comunes que riman. Sólo algunos poemas están hechos con palabras un poco más técnicas u oraciones con metáforas, para darles un poquito más de valor literario. El ingrediente diferente es que cada poema trae consigo la historia por el cual se escribió.

Son poemas que tratan del amor, desamor, de la amistad, la familia, la madre, los hermanos, los hijos, los nietos, del padre, los niños, la esposa; y del orden cívico, como el amor a la bandera, a nuestro planeta o sobre sucesos de nuestra historia y de la vida cotidiana.

Se pretende que, con estos versos simples, a todas aquellas personas que lean este libro les despierte el deseo de leer más, ya que en México se lee muy poco, es uno de los países en el mundo en el que casi no se lee. Por eso, este libro se elaboró de una manera sencilla y amena, para que motive a la lectura y nos dispongamos a leer más, pues la lectura nos enseña a hablar y escribir correctamente. Así, aparte del entretenimiento y enseñanza del contenido de la lectura, nos cultiva.

Estos son poemas que escribí a las mujeres que compartieron conmigo pequeños momentos de mi vida, dejando grabadas historias muy hermosas en mi corazón, historias que me dieron la inspiración para escribir estos poemas. Algunas personas sentirán que uno de estos poemas se escribió para ellos, se identificarán mucho y esa es la finalidad de estos poemas, que lleguen a tocar hasta la fibra más sensible de todas aquellas personas que lean este libro.

Espero que los conmine a leer poesía, ya que siempre he dicho que…

para leer, hay que escribir, y habrá
que escribir mucho para poder leer.

Mi historia

Les contaré cómo empecé a escribir poemas: resulta que, cuando estaba en la escuela, en el segundo año de primaria, mi maestra nos pidió hacer una recitación, ahí, en el salón, como un trabajo de historia y civismo. A la maestra le agradó lo que escribí a la bandera, por lo que, a partir de ese día, me gustó escribir. En tercer y cuarto año no escribí, hasta que pasé a quinto, con otra maestra, allí fue donde ya empecé a escribir poemas con otros temas, no solo de civismo. En una ocasión, la maestra nos pidió como tarea de Ciencias naturales que habláramos sobre la polinización de las flores en un poema a una flor porque ese día vimos, en Español, una lección de escritura en verso, rimas y prosa, y así aprovecharon para dejarnos dos tareas en una. Al otro día, para revisar la tarea, nos pidió que pasáramos al frente a leer nuestros poemas. Ese día no se me olvida porque ese momento fue el que me marcó para siempre en cuanto a escritura, pues mi poema le gustó mucho a mi maestra y me pidió que se lo regalara, ya que, al escuchar todos los poemas, soy sincero al decir que el mío fue el más bonito.

Ese día fue agradable, pues la mayoría de mis compañeros del salón escribieron unos poemas muy chuscos, otros solo escribieron historias de flores sin tener que ver nada con la poesía, ni siquiera una rima ni un verso, y mi maestra me felicitó por mi trabajo y me alentó a seguir escribiendo.

El poema que escribí fue a la flor que a mí más me gusta: la rosa, y es el primer poema con el que empiezo este libro.

La rosa

La flor más bella es la rosa,
tiene un agradable aroma,
es de las flores la más hermosa,
sinónimo del más puro amor,
y de dolor, sus espinas de corona.

Flor delicada y perfumada,
de fragancias invades mi alma,
la flor más bella y agraciada,
tu perfume me llena de calma.

Eres una flor bella y delicada,
de aromas llenas el día y la tarde,
el regalo perfecto para mi amada,
un digno presente para mi madre.

Por encima de tus rojos pétalos
revolotean alegres las mariposas,
bajando, se posan en ti presurosas
a recolectar tú suave y dulce polen
para las mariposas más hermosas.

Las abejas sin control vuelan sobre ti,
creando una linda danza de amor,
bebiendo tu néctar, perdiéndose ahí,
rosa delicada, en rojo, mi mejor color,
eres hermosa, por eso te quiero a ti.

Con una rosa a mi amada conquisté,
por eso siempre es mi flor preferida,
le di una bonita rosa roja y la besé,
ahora es lo mejor que pasó en mi vida.

Igual que a la rosa, revoloteo hacia ti,
experimento el éxtasis que me provoca
sentir el placer que me brinda el retozo
de saborear el dulce néctar de tu boca.
Satisfecho me quedo y en ti reposo.

Flores hay muchas y todas son bonitas,
pero, para mí, tú eres la más hermosa.
Por sus aromas, son todas exquisitas,
pero la flor más bella, es la fragante rosa.

Las maestras

Hablar de las maestras, la mayoría de las veces, es como hablar de una segunda madre. Esto lo digo con sinceridad y sin exagerar, pues yo tuve puras maestras en la primaria. Una de ellas, la maestra Lourdes, fue la que sin querer me inició en esto de escribir versos.

En tercer y cuarto año estuve con la maestra Alicia; en quinto y sexto año estuve con la maestra Gloria, a la que le regalé mi primer poema que no era del tema cívico, ya que, igual que mi maestra Lourdes, fue muy buena maestra, no nada más conmigo sino con todos en el salón. Eran muy amables, se daban a entender para enseñar de una manera sencilla, sin enojarse con quienes no entendían a la primera vez, explicaban las cosas con mucha paciencia. Aparte de hacer su trabajo como maestras, cuando alguno de mis compañeros tenía algún problema, ellas siempre trataban de ayudarlo o darle consejos como los que me daban a mí para seguir escribiendo.

En general, todas las maestras se merecen el respeto y el cariño, no solo de los alumnos sino también el de todos nosotros.

Quién no recuerda a sus maestras de vez en cuando, siendo ya adultos. Yo recuerdo a las que fueron mis maestras porque son personas de las cuales aprendemos lo que nos enseñan para ser mejores en nuestros estudios, en nuestra vida cotidiana y en nuestra vida personal. Para todos aquellos que siguen los consejos de sus maestras, agradezcan ese gesto, que con mucha amabilidad se lo dan, y denles a conocer que ese agradecimiento es de corazón.

A la maestra, con cariño

Un trabajo duro y lleno de satisfacciones
es aquel que se realiza con paciencia, dedicación,
entereza, alegría y sin nada de restricciones.
A todos esos niños que con el tiempo roban el corazón

Y llegas a quererlos y a tratarlos con cariño,
fe, y de igual manera les enseñas disciplina
sin distinción, que respete si es niño,
o que se dé su lugar y se dé a respetar si es niña.

Los conocimientos se aprenden con alegría,
les enseñas todo cuanto sabes,
y eso te hace sentir satisfacción cada día,
sabiendo que con ello vencerán las adversidades.

A la maestra, con cariño, siempre se le recuerda,
así pasen los años, no se olvidan sus enseñanzas,
todo lo aprendido de ella hace que su recuerdo no se pierda
y, con sus consejos y ejemplos, nunca perdimos las esperanzas.

Por eso se dice que para uno son la segunda madre.
Un homenaje a las maestras por su vocación, a todas ellas,
pues su pasión y entrega las hacen adorables,
con su trabajo brillan y nos hacen brillar como las estrellas.

Una labor loable y digna que llena el alma de sentimientos.
Enseñar valores, consejos y transmitirlos a todo niño
Con ese don que tienen de enseñar todos sus conocimientos,
Para recordar por siempre a la maestra con cariño.

Valor para el amor

Existen personas del género masculino que llegan a enamorarse tanto de alguna chica, que se cohíben para decírselo a la mujer de la que se enamoran, son algo tímidos. Sucede que, cuando no están con ellas, piensan todo un plan para declarárseles, pero, resulta que, cuando las tienen frente a ellos, el nerviosismo hace que el plan que elaboran para decir lo que sienten por esa mujer se les olvide, les sudan las manos y no se animan a declarar su amor por ellas.

Y es que la timidez que padecen los hace sentirse inseguros, tienen miedo al rechazo, les falta el valor para demostrar el amor por alguien y esa inseguridad no los deja expresar sus sentimientos hacia la mujer en cuestión y, en muchas ocasiones, nunca lo dicen y pierden la oportunidad. Tal vez, esa muchachita a la que no se atrevieron a declarársele sería su amor de toda la vida.

Esto pasó conmigo y debo admitir que no es agradable la timidez. Cuando me enamoré por primera vez y no tenía el valor para decirlo, la desesperación me llevó a consultar con un amigo que, según él, era experto en mujeres, entonces dijo: "Mira, si no tienes el valor de decírselo de frente, escríbele una carta, una canción o un poema que diga más o menos lo que tú le quieres decir y se la das tú mismo, ya sea que la invites al cine o a pasear, y se la entregas y le dices que la lea en cuanto esté sola. Yo lo hago así". Claro, mi amigo no sabía que yo escribía poemas. Entonces, me propuse hacer un poema que me ayudara a resolver ese problema, que es normal y no debe preocupar a nadie. La timidez es sólo causada por inseguridad, es mental, sólo que en algunos es más fuerte que en otros, pero no es nada para alarmarse. Todo es cuestión de tener el valor de vencer ese miedo al rechazo.

Este poema está escrito de una manera sencilla y versátil que tiene la característica de que se le puede dedicar a cualquier mujer, ya que precisamente al final del poema se escribe el nombre de la mujer a la cual será dedicado y que no necesita que rime. Se adapta al verso perfectamente bien a cualquier nombre femenino. Por razones obvias, se omite el nombre verdadero del poema original.

Tú

Tú me haces sentir lo que nunca
había sentido,
tú eres la mujer que nunca
había conocido.

Tú eres la que despertaste este amor
que nunca había brotado de mí,
y ahora que ha brotado,
todo este amor te pertenece a ti.

Este es un amor limpio, un amor puro
que nunca había pertenecido a nadie,
y desde el momento en que te conocí,
solo a ti te ha pertenecido.

Tú te has metido dentro de mi corazón,
tú estás siempre conmigo.
Yo ya no pienso en otra cosa,
nada más quiero estar contigo.

Tú eres la mujer que yo quiero,
tú eres la mujer que yo amo,
tú eres la mujer que
me tiene apasionado,
tú eres la mujer de quien
me he enamorado.

Tú despiertas todos mis sentimientos,
tú eres la mujer con la que
siempre había soñado,
tú te adueñas de mis pensamientos,
tú eres la mujer que quiero
tener a mi lado.

Porque sólo en ti pienso,
porque sólo en ti sueño,
porque pronuncio tu nombre
a cada momento: Nora,
Nora Hilda.

¿Qué es el amor?

Desde tiempos inmemorables, desde que el hombre y la mujer existen, nos hemos preguntado sobre amor. ¿Qué cosa es el amor? ¿Se imaginan los primeros encuentros amorosos de los primeros hombres y mujeres en el mundo, los rituales del enamoramiento? ¿Cómo se darían? Posiblemente no se utilizaban las flores para obsequiarlas a las mujeres, ni se les enamoraba, nada más se les tomaba y ya, no existía el amor, solo el deseo de la carne, el instinto de aparearse. Tal vez, a través del tiempo, el hombre aprendió a enamorar a la mujer, y la mujer se dio cuenta del poder o dominio que podía tener sobre el hombre con respecto a aprender a elegir con quién se unía. Esta situación obligó a que el hombre desarrollara técnicas para enamorarlas, para que otro no le ganara la mujer en cuestión. Así, a través del tiempo, ambos, mujer y hombre, fueron, sin darse cuenta tal vez, despertando en su naturaleza ese conjunto de emociones y sentimientos a los que les llamamos amor.

Los de carácter fuerte, aunque aman, son posesivos y muy celosos con su pareja.

Los de personalidad debil, o pasiva, ya sean hombre o mujer, son sumisos o dominados por sus parejas.

Las bonitas o atractivas tienen el ego muy alto y no duran en sus relaciones porque saben que pronto encontrarán otra.

Y a todos nos da sentimientos y emociones diferentes, llegando a la conclusión de que no conocemos el amor porque el amor es rencor, amistad, sacrificio, dolor, egoismo, lujuria, abnegación, deseo, mentiras, traición, pasión y misticismo. Sí, el amor es un misterio, porque a través de la historia, de tantos profetas, poetas, músicos, escritores, sabios y pensadores, nunca nadie ha definido con exactitud lo que es ese sentimiento que causa alegría, dolor, tristeza y locura, que no nos deja razonar y que cada individuo siente de diferente manera. Es como un estupefaciente poderoso que nos hace dependientes emocionales.

¿Qué es?

¿Qué es el amor?
El amor es un sentimiento divino,
es algo que nos da inquietud,
nos da dolor, nos da calma.
Es el recuerdo de un momento vivido,
es la expresión de los sentimientos del alma.

Es recibir cariño, regalar una sonrisa,
es soñar con la persona amada,
es vivir la vida sin prisa,
es dar todo por amor
y por amor, tu no pidas nada.

Es vivir la vida, nunca sentirse triste,
Es hacer las cosas buenas
Y nunca uno vaya a arrepentirse,
Hazlas concientemente, no cuando sueñas.

Es amar la vida, es tener fe en Dios,
es tener a quién amar intensamente,
es querer a esa persona por siempre
y nunca decirle adios.

Es llorar por un amor perdido,
es tener a quién contarle tus penas,
es tener consuelo y recordar lo que has tenido,
es sentir que amas todavía,
sentir que tienes sangre en tus venas.

Es el tormento de amar y no ser correspondido,
es recordar un cariño a cada minuto, a cada segundo,
es buscar ese cariño y nunca darse por vencido.
Eso es el amor, y el amor es lo más bello del mundo.

Todos esos sentimientos en conjunto son el amor,
que, a su vez, son un solo sentimiento
que interpretamos con cariño, odio y dolor.
Es amor dejar que lo negativo se lo lleve el viento.

El amor es un buen sentimiento
y si tú sientes que conoces el amor
en sus diferentes manifestaciones,
y tienes sentimientos y sientes el amor,
nunca te preguntes del amor: ¿Qué es?

Te extraño

Bruno era un joven que estaba perdidamente enamorado de Carmen, su bella novia. Todo andaba sobre nubes, la vida era color de rosa para ellos: trabajaban en la misma empresa y allí fue donde se conocieron. Él era un joven técnico y ella operadora general, y desde el momento en que se conocieron los unió un amor de esos que casi ya no se dan en estos tiempos.

Saliendo de su turno, como todos los días, se iban juntos. A veces él la acompañaba hasta la casa que rentaba con otras compañeras y se retiraba ya entrada la noche, en otras ocaciones la llevaba a comer al centro de la ciudad o la invitaba al cine, o simplemente a caminar en aquella ciudad tan romantica y colonial. Como cada quince días, ella se iba a su pueblo a visitar a sus padres y a sus hermanos, y para esto se ausentaba desde el viernes en la tarde hasta el domingo, y regresaba ya muy tarde.

Bruno no la pasaba bien esos fines de semana que Carmen se ausentaba.

Un día, Bruno me pidió de favor que le hiciera un poema donde le explicara que él la extrañaba mucho cada vez que ella se ausentaba. Efectivamente, me puse a trabajar en unos poemas, ya que no fue uno, sino varios los que le compuse, ya que tan bonita relación me inspiró mucho. Cuando los terminé, se los di y él se los dió a Carmen con una rosa roja todavía en botón, a punto de abrir sus petalos.

Y así pasó el tiempo, hasta que un día encontré a Bruno, muy feliz, y el motivo de su alegría era que estaba a punto de casarse, y con mucho gusto me invitó a su boda. Obviamente no dejé de ir y nunca he visto, hasta la fecha, novios tan felices en su día de bodas.

Quise incluir esta historia en el libro porque después de treinta y tres años de ocurrida esta bonita aventura de Bruno y Carmen, me los encontré. A mi amigo Bruno lo noté igual que cuando joven, muy alegre, y con mucho orgullo me contaba que tenía cuatro hijos, decía: "Mi hija mayor, Lupita, estudió una carrera, ya se me casó y tengo dos hermosos nietos. Mi hijo Juan también terminó sus estudios y tiene un buen empleo ¡y ya se casó! Mi hija Mary terminó su carrera e, igual que sus hermanos, tiene su buen empleo, y por último, mi hijo Ángel, de diecisiete años, está en la preparatoria, es mi bebé, pues después de casi trece años llegó él. Me contó que le iba bien y, sobre todo, que vivía muy felíz. Eso me agradó por él, ya que desde que lo conocí me pareció muy buena persona, y no me equivoqué. Por eso decidí escribir su historia, ya que amores como este ya no se dan tan seguido.

Pensando en ti

Hace un momento te fuiste de mi lado.
Es de noche, me siento solo y triste.
Me pongo a contemplar el cielo estrellado
pensando en el momento en que te fuiste.

No puedo conciliar el sueño,
no te aparto de mi mente,
pienso en los momentos que paso contigo,
pienso en tus ojos, tu pelo, tu boca tan sonriente,
pienso en el momento en el que vuelvas conmigo.

Siempre estoy pensando en ti,
por tu ausencia estoy sufriendo,
todo lo que veo de inmediato me trae tu recuerdo.
Regresa pronto, que yo por ti estoy muriendo,
porque yo te extraño y siempre de ti me acuerdo.

Por eso, al pensar en ti, se me hace tanto el tiempo
que quisiera correr hasta encontrarte,
poder besar tus manos, tu cuello, tu cuerpo,
acariciar tu pelo, besar tu boca… abrazarte.

Qué triste es todo al estar sin ti,
qué solo me siento cuando no estás conmigo.
Regresa, vida mía, yo sueño que ya estás aquí
y mi sueño es estar siempre contigo.

Si no regresaras, se me partiría el corazón,
sería muy grande mi sufrimiento por ti.
Pienso que, si me faltaras, perdería la razón,
por eso, vuelve, que yo no podría vivir así.

No consigo dormir, y si duermo sueño contigo,
y en mis sueños te veo por siempre mía.
Pienso: qué maravilloso que estuvieras
por siempre conmigo",
y ese pensamiento me llena de alegría.

Pienso en ti cada momento, pienso en ti noche y día.
Es tanto pensar en ti que ya no quiero seguir así.
He decidido, de una vez, unir tu vida con la mía,
para ya no estar pensando en ti.

Nuestra pasión

Este es otro de los poemas que escribí para mis amigos Carmen y Bruno, pues aparte de extrañarse entre ellos, Bruno me decía que sentía una gran pasión por Carmen, y creo que ella de igual manera le correspondía con una pasión que solo ellos sabían prodigarse.

Cuando uno esta enamorado siente un deseo de pertenecer a ese alguien totalmente, estar juntos por siempre y no separarse, vivir una aventura que se llame amor por siempre, y que de ese amor resulte una familia, producto del anhelo y deseo de experimentar noches eternas de pasión ardiente, pues sólo eso mitigaría ese calor abrasivo con la unión de sus cuerpos y sus bocas hasta quedar saciados al descargar toda su energía contenida y guardada para el preciso momento que ellos esperaban. De cierta forma, se respetaron esos deseos de pertenecerse en cuerpo y alma hasta cumplir con esa espera de realizar esa unión de sus almas con el rito espiritual y el de sus cuerpos y agradecer al Creador, pues en un matrimonio, no nada más se trata de deseo, sexo, pasión, sino que debe existir siempre el amor que empezó entre dos y que se compartió con todos los descendientes que resultaron de esa unión. Así continuará la historia que, probablemente, desde un principio, visualizaron, y ese amor debe de ser equitativo para cada uno dentro de ese matrimonio.

Que exista una pasión no solo entre dos, sino que ahora será entre todos, una pasión por conservar ese amor, una pasión por ser cada vez más unidos, una pasión por conducir a los hijos por buen camino, pasión por verlos terminar sus estudios y que lleguen a realizar sus vidas tal como lo idearon desde un principio, y que en ellos perdure ese amor que les enseñaron a tener por todo lo que se hace, pues cuando hacemos las cosas con amor, todo resulta bien y se siente una gran satisfacción de haber cumplido con los hijos, la esposa, el esposo, y por todo lo que han hecho por mantener su matrimonio.

Por último, se sentirá esa satisfacción de haber cumplido con Dios y agradecerle por haber sido bueno y que siempre los guió con sus mandatos, que se cumplieron al pie de la letra con pasión.

Pasión

Es tanto el tiempo sin verte que me destroza el corazón.
Cada noche que pasa, cada día sin verte, aumenta mi dolor.
El tiempo que espero volver a tenerte me hace perder la razón.
Tengo tu imagen en mi mente y en mi corazón, tu amor.

Es mucho el tiempo que paso sin ti, sin tu amor.
Levanto los ojos al cielo y le pido a Dios por ti en mi oración,
para que no me falten tus besos, tu aliento, tu calor,
que estés conmigo por siempre, que me tenga compasión.

Le pido que regreses y que estés aquí en todo momento.
A veces, me parece escuchar tu voz como una canción.
Esta espera tan grande por verte es para mí un tormento
que aviva más este amor que despierta en mí una pasión.

Una pasión que me abraza hasta sentirme preso,
pasión que desgarra mi alma embriagada de tu aliento,
ardiendo en deseo de estar contigo y poder darte un beso
que apasigüe la sed de mi boca, el deseo de tu cuerpo,
hasta sentirme satisfecho en el éxtasis que siento.

Pasión que consume mi alma en espera de ti.
Me abrazo a tu recuerdo con desesperación,
esperando el momento en que seas tú de mí
y yo de ti, que apagues el fuego de esta pasión.

Pasión que adivino tambien en tus hermosos ojos de miel,
cual luceros encendidos que observan
/mi cuerpo encenderse en llamas,
que solo apagarías con la frescura de tu aliento y de tu piel.
Vuelvo a la realidad y veo que de mí estás lejos,
/pero sé que me amas.

Recordando tu boca de rojo encendido a punto de darme un beso,
sintiendo esa satisfacción de tenerte cerca, sentir tu calor;
recordando que con esos besos llenos de pasión me embeleso,
sintiéndote mía, sabiendo que soy dueño de tu amor.

Y, al recordar que pronto estaré contigo, me resigno,
y pienso que tú también lo deseas, y me lleno de alegría
al saber que la vida y el amor juntaron nuestros destinos
Y que tengo tu imagen en mi mente y en mi corazón, tu amor.

El amor

Cuando se está en la etapa de la adolescencia, en el momento justo en que el cuerpo empieza a cambiar, obedeciendo a la naturaleza con esa metamorfosis para irse convirtiendo en adulto, este cambio es más violento cuando hay reacciones químicas dentro de uno, reacciones a esas hormonas que se violentan con tal fuerza que provocan cambios muy rápidos en el cuerpo. A los hombres los hace más robustos y fuertes, les definen sus partes íntimas y su sexualidad, les cambia la voz, se hace más grave; a las mujeres las hace más sensuales, define sus líneas corpóreas, las hace más femeninas, y su sexualidad, de igual manera, empieza a manifestarse y hasta el brillo de sus ojos es más intenso.

En esa etapa es cuando nos fijamos más en el sexo opuesto y en nuestras mentes nacen una infinidad de preguntas con respecto a ¿qué es el amor?, ¿cómo será tener sexo?, ¿las mujeres también lo desean como nosotros? Todas esas cuestiones tenemos en mente y uno empieza a buscar novias para ir conociendo a las mujeres.

Así es como empieza mi historia de amores y desamores, engaños y desengaños, de lealtades y traiciones, y vaya que fueron, muchas veces, más las traiciones que las lealtades, pero estas me ayudaron a entender (mas no a comprender) a las mujeres. A través del tiempo, todas esas desilusiones y traiciones me enseñaron a ser un poco más selectivo para saber con quién empezar una relación sentimental, y también aprendí, al mismo tiempo, a diferenciar el amor verdadero del amor que sólo es una ilusión, un espejismo.

Aprendí que el amor verdadero es aquel que está contigo en las buenas y en las malas, que te consuela en tus momentos tristes, que te hace ver tus errores y te corrige sin lastimarte con malas palabras, el que te acompaña en tus malos ratos y celebra contigo tus aciertos, el que te ama a pesar de tus defectos y virtudes, aquel que quiere estar contigo hasta que envejezcan y, aun así seguir tomados de la mano y cuidarse mutuamente hasta el final.

El amor

El amor es un conjunto de sentimientos,
sentimientos agradables que te hacen sentir
amor, cariño, ternura, anhelo, pasión, deseo.
Sientes en la mente desvariar tus pensamientos
y el corazón henchido de alegría golpea el pecho.

También el amor es sentimientos no gratos
que te hacen conocer el desamor y te hacen infeliz:
desprecio, odio, rencor, tristeza, dolor, soledad.
Te llenas de nostalgia y vanos recuerdos ingratos,
y el corazón marchito fallece por tanta falsedad.

La causa de estos sentimientos, buenos y malos,
que nos pasan es la costumbre de enamorarnos
de quien no sabe amar, personas vanas, vacías.
Prácticas a las que debemos desacostumbrarnos.

Así evitaremos hacer sufrir el alma y el corazón,
el alma ya no derramaría en vano más lágrimas
y el corazón ya no sufriría decepciones sin razón.
No buscar el amor, así, cuando llegue, durará más.

Cuando el amor es sincero, se da de verdad.
Sin condición, se entrega el alma y el corazón.
Cuando hay amor, también existe la sinceridad,
y así, el amor durará y el tiempo te dará la razón.

Procura que el amor te inspire buenos sentimientos,
retirando lo negativo que pudiera sumergirlo en agonía.
Porque el amor es sensible y frágil, presa fácil de sufrimientos,
aliméntalo día con día, evitando caer en la monotonía.

El amor tiene muchas formas, presenta mil versiones,
confunde, ciega, intriga, enloquece al que se enamora.
El amor, mientras más intenso, más te llena de ilusiones.
Al amor contrólalo desde el pasado, el futuro y el ahora.

Al amor, si lo controlas, te dará por siempre felicidad,
no dejes que el amor te controle, si no, estás perdido.
Si lo hace, terminarás solo vagando en la soledad.
El amor es bueno, siéntelo y no terminarás confundido.

Todos tienen amor
(Y yo sin ti)

Cada vez que uno se encuentra en algún día o mes sin alguien a quien querer, es bien sabido que la soledad mata. Se tienen sentimientos de soledad, nostalgia, tristeza y melancolía, pero esos momentos de soledad nos sirven para depurar todo lo que nos ha estado haciendo mal en cuanto a saber qué es lo que nos orilla a no poder retener el amor de ese momento, realizar una catarsis para quedar limpio del alma y el corazón.

Tal vez fue nuestro carácter o que no sabemos amar o no sabemos reconocer el amor y el cariño de una mujer, y por ese motivo ella decidió terminar esa relación.

Esto me pasó a mí en varias ocasiones, siempre que terminaba con alguien tenía sentimientos de soledad, nostalgia, tristeza y melancolía, y en los días de fiesta era cuando más me sentía solo. Los 14 de febrero veía cómo todo el mundo hacía sus compras para regalar, las parejas paseaban y yo, sin nadie. En las vacaciones de la Semana Santa todos a la playa con su pareja, y yo, sin nadie; en las fiestas patrias de septiembre, todos con vestimentas para su noche mexicana, y yo, sin nadie; en noviembre, día de muertos, el intercambio de calaveritas de dulce o chocolate, la fiesta de disfraces, todos con su pareja, y yo, sin nadie; en el mes de diciembre, las fiestas decembrinas, las posadas, la Navidad con la cena y los regalos navideños, todos con su amor, y yo, sin nadie; las fiestas de fin de año, otra vez, regalos, cena, y yo, aún sin nadie. El 6 de enero, un día especial para los niños, yo acostumbraba regalar un detalle a mi novia, pero esa vez, yo, sin novia. Como sabemos, estos días duele mucho estar sin amor, sin quien nos de cariño, y es cuando uno desea que el amor no te abandone, ese que estará contigo en las buenas y en las malas.

Un noviembre terminé con una novia y, en su recuerdo, escribí este poema, al que llamé "Y yo sin ti".

Y yo sin ti

Han pasado ya varias parejas frente a mí,
enamoradas van besándose con gran pasión.
Es catorce de febrero, día del amor, y yo sin ti.
No sé dónde estarás, sigo buscándote con ilusión.

Todos tienen un amor, viven felices, sin dolor.
Compran rosas, dulces, chocolates y con felicidad
se los entregarán a sus amadas, jurándose amor,
y ellas, amorosas, irán con ellos a la intimidad.

Vendrá la fiesta del pueblo, la de la cosecha,
en septiembre coronarán a la reina de fiestas patrias,
y yo, sin ti. Me has dejado con el alma deshecha,
deseando regresar, volviendo el tiempo hacia atrás.

Días de alegría, de amor, de besos sin derroche,
solo tú existías para mí y yo solo para ti,
recuerdo cuando te hacía mía noche a noche.
Todos tienen hoy su noche con alguien, y yo sin ti.

Vendrá la Semana Santa, con su viernes santo,
día de reflexión, de ayuno y nuevo compromiso,
y Dios sabe que aún te quiero y te extraño tanto.
Solo le pido regreses conmigo. Lo digo ante él, sumiso.

Llegará el Día de Muertos, intercambio de calaveras,
la visita al campo santo, los tamales y el champurrado.
En esos días sin ti, siento que aún te amo de veras,
por verte de nuevo y besar tu boca estoy desesperado.

En todos los días de fiesta es cuando siento tu ausencia,
recuerdo buscar el regalo ideal que te daría en Navidad.
Sólo Dios sabe cómo extraño tu voz, tu boca, tu presencia.
Confío en Él y que tu regresar conmigo será una realidad.

Las parejas siguen pasando, se abrazan y alegres van
caminando, tomados de la mano, pasan junto a mí.
Algunas parejas fracasarán, otras por amor se casarán,
pero todas, en este momento, se dan amor… y yo, sin ti.

Palabras deseadas

Esta es una historia que, tal vez, a muchos nos ha pasado; posiblemente sea normal. Cuando se deja la etapa del noviazgo y se empieza una vida matrimonial para toda la vida, con el tiempo se va perdiendo el amor, el cariño, el interés del uno hacia el otro, y eso hace que se pierdan algunos detalles que se tenían en cuenta en el noviazgo y al principio del matrimonio, por ejemplo: decirse palabras agradables: "te amo", "te quiero", "cariño mío". Las mujeres ya no dicen: "Llévame a bailar", "al cine", "vamos de compras", estas frases, la mayoría de las veces, se cambian por: "Necesito zapatos", "Quiero un vestido nuevo", "Déjame para el gasto", "Dame para pagar la luz", y el hombre: "Lava mi ropa", "Plancha esta camisa", "Dame de comer". Las frases amorosas se pierden al mismo tiempo que el amor. Con el pretexto del cansancio del trabajo ya no salen, ya no van al cine, y estos detalles perdidos por ambos hacen que su situación en el matrimonio caiga en una abrumadora monotonía, y esta es el enemigo número uno del matrimonio.

Así se llega a que hagan sus momentos de intimidad tan rápido, sin hacer de esos momentos sublimes un rito de amor en el que poco a poco se conduzcan a la pasión, al deseo mutuo de pertenecerse uno al otro, entregándose al amor para la satisfacción de ambos.

Si ninguno de los dos se dicen de nuevo esas palabras halagadoras, que muy en el interior los dos desean escuchar y que no se atreven a decir primero, los dos estarán esperando que el otro lo haga.

Son frases efectivas para volver a sentir el amor y que los dos las desean escuchar de nuevo. Hay una frase muy corta y que a muchos se les dificulta decirlas al oído de la pareja, aunque son solo dos palabras: "Te quiero".

Te quiero

Te quiero como nunca pensé querer a alguien,
te quiero de tal manera que no sé explicarlo,
te quiero tanto que, si te beso, me siento bien.
Sí, te amo y de mi amor te quiero platicar.

Cuando no estás conmigo se me deprime el corazón.
El sol, las flores, la lluvia, no existen, ni el viento.
Todas las cosas me traen tu imagen y pierdo la razón,
me faltas tú, siento que muero si no respiro tu aliento.

El tacto de tus manos con las mías, extraño;
el roce de tus labios con los míos, anhelo;
enlazar tu cintura con mis brazos, quiero;
tocar tu cuerpo como antes, deseo hacerlo.

Y mirar esos ojos hermosos de miel que me ven
mientras estoy en ti con honda ternura.
Ahí, en ese momento, nos fundimos en un solo ser.
Quererte es sentirte plena y en total dulzura.

Te quiero, te siento mía y así será por siempre,
te quiero como si fueras parte de mí.
Estás en mis pensamientos, eres parte de mi mente.
Y así deseo estar contigo, que yo sea parte de ti.

Te quiero como a nada en el mundo,
te quiero como jamás se ha querido a nadie,
te quiero y te digo que mi amor es profundo,
te quiero y haré que mi amor con su luz te irradie.

Este amor que se alimenta de ti es bueno y es tuyo.
Amor como el mío tal vez habrá más,
pero mi amor es más fuerte y suave como un murmullo,
murmullo que dice "te quiero", y dejarte de amar, jamás.

Te quiero y me atrevo a decir que tú también a mí,
sólo espero que me lo digas, quiero escucharlo de ti.
Así como yo te amo y siempre te lo digo y siempre lo diré,
necesito de tu calor, de tu cariño, porque yo te quiero a ti.

Son dos palabras, palabras que a todos nos gusta escuchar.
Yo todo el tiempo te las digo, y en eso soy sincero,
te quiero y siempre en mis brazos te voy a estrechar,
solo deseo que me digas al oído dos palabras: "Te quiero".

El amor lo es todo

El amor en pareja es lo que cuenta. En cualquier relación debe existir el amor mutuo, recíproco, que se regale en felicidad, afecto y cariño, pues esa es la finalidad del ser humano.

No tenemos que vivir con quien nos usa nada más para satisfacerse sin dar esa satisfacción de vuelta, pues en la satisfacción en la relación amorosa está la felicidad.

Todo ser humano tiene derecho a la felicidad y a no atarse con quien no la provee y, en cambio, donde la encontremos, quedarnos con esa persona y darle felicidad para vivir felices con valores: honestidad, comprensión, respeto, fidelidad, apoyo, comunicación y, por supuesto, mucho amor.

Honestidad.- Cuando nos conducimos hacia la pareja con honestidad, en cuanto a comunicación y hechos, esto nos da una sensación de seguridad en nuestra vida diaria.

Comprensión.- Siempre que nuestra pareja tienda a equivocarse en cualquier situación y se dé cuenta y se disculpe, aceptemos esa disculpa y demostrémosle que se le comprende y se le perdona. Esto ayudará cuando a uno le toque equivocarse, ya que sabremos que se nos tratará de la misma manera.

Respeto.- Es muy importante este valor, ya que, si no hay respeto, esto lleva a que no se le dé su lugar a la pareja, y esto causará que se termineel amor mutuo, paulatinamente.

Fidelidad.- Es el valor más imprescindible en una relación de cualquier índole, ya que, si no se da, esto es causa de la ruptura de muchas relaciónes amorosas.

Apoyo.- El apoyo mutuo siempre debe estar presente, y si alguno de los dos no apoya al otro, cuando a este se le presente algún contratiempo fuerte, no recibirá el apoyo deseado, por obvias razones.

Comunicación.- Hablar en pareja respecto a soluciónes por diferencias y disgustos es lo mejor que se hace para llegar a un concenso favorable, y esto ayuda a que se haga más fuerte el vínculo que los une a ambos.

Amor.- Y, por último, el amor. Este es el principal elemento por el cual se vive en pareja. Si no hay amor, no hay nada, así de simple: habiendo amor, todo es posible, todo se logra en pareja, las metas y desafíos, se vencen obstaculos y se vive una vida plena de amor, cariño y confianza.

Amantes

Amémonos ahora que hay tiempo,
amémonos ahora que hay vida,
si tú me amas como yo siento,
entonces, ámame más cada día.

Amémonos ahora o al caer la noche,
amémonos de día o al caer la tarde,
hagamos del amor pasión y derroche,
hagamos del amor pasión que arde.

Ámame como nunca en tu vida,
te amaré como sueñas ser amada,
ámame como si fuera el último día,
te amaré siempre cada madrugada.

Ámame así, por siempre,
que así por siempre te recordaré,
porque yo, así siempre te amo,
y tú, por siempre así me recordarás.

Amémonos intensamente
para crear buenos recuerdos,.
Así, cuando te acuerdes de mí,
más me amarás,
y cuando yo me acuerde de ti,
más te amaré.

Amémonos sin importar nada,
no desperdiciemos el tiempo,
compartiendo la misma almohada,
Amándonos en todo momento.

Tú siempre estás dispuesta a amarme,
yo todo el tiempo te amo,
los dos somos uno para el otro,
los dos estaremos siempre amándonos.

Flores marchitas

Cuando llega el momento de revisar y analizar todo lo que uno ha vivido en el matrimonio después de décadas de haberlo consumado, para ver si resultó lo que uno esperaba: este es un momento que muchos han vivido y se preguntan: ¿cómo es que pasó el tiempo tan rápido?, parece que fue ayer cuando nos casamos y ahora vemos cómo hemos cambiado, para empezar, físicamente es el cambio más radical, por los estragos de la edad y el tiempo; y el cambio más positivo que uno tiene es que ya no piensa uno igual que cuando joven, se piensa para realizar las cosas, ya no se hacen a la ligera, se siente una dicha al ver que la descendencia ha aumentado, los hijos, nietos, nueras y yernos son miembros de la familia y uno es el patriarca, se llega a ser el hombre más respetado del núcleo familiar junto con la esposa. Los mantenemos unidos, llenamos de consejos, y valores. Y veo a mi esposa a mi lado, que es feliz, y me doy cuenta de que fue una buena elección unirme a ella y que viví una luna de miel eterna con sus noches de calor cuando amorosamente cerraba la puerta para dar rienda suelta al amor y ver que se cumplían todos mis anhelos cada vez que nos uníamos para realizar los ritos del amor que hacíamos cada noche o cada vez que así lo queríamos hacer y nos entregábamos al amor mutuo y pleno, como queriendo acabarme de una sola vez ese cuerpo que se entregaba a mí sin ninguna condición, sin ningún sentimiento de culpa, sin poder lograrlo, ya que nunca logré acabarme ese cuerpo que se estremecía al contacto de mis manos, de mis mordiscos suaves, con ese frenesí de probar un manjar de los más exquisitos, sin querer acabártelo para que dure más y solo lo comes poco a poco, cada vez que así lo deseas. Lo sigo probando y, a través del tiempo, no logro.

Acabármelo, no me doy por vencido, he minado mi juventud, agotado mis energías en ese vano intento. Veo que esa flor recién abierta, lozana y llena de un perfume que me alagaba con su sola cercanía y la trataba con mucha delicadeza para no maltratarla, la regaba diariamente con mí liquido de amor y continuamente secaba el rocío con el que se despertaba cada mañana y volvía a tener deseo de regarla.

Nuevamente, para mantenerla rebosante, ahora me doy cuenta de que esa flor lozana, bella y llena de un perfume halagador, ya no es la misma, porque ha perdido parte de su aroma y que ahora está un poco deslucida, pero sigue siendo una hermosa flor. Yo he perdido parte de mis energías, me he convertido en una lánguida flor por la falta de tu fresco rocío mañanero y los dos, con el tiempo encima, lucimos cual flores marchitas.

Cómo flores marchitas

Cae la noche, se hizo viejo el día.
Así como mi piel cae con arrugas,
al paso del tiempo se va mi vida,
y mi cuerpo trémulo cae de rodillas.

¿Dónde quedó nuestra época dorada?
¿Dónde está la energía derrochada?
¿Qué ha sido de mi juventud soñada?
¡Mira cómo estás hoy, mi flor adorada!

Mi cuerpo hoy está frágil y marchito,
por un sano frenesí de acabarse el tuyo.
Cuando tu cuerpo era sensual y bonito
cual tierna flor que apenas era un capullo.

Hoy nuestros cuerpos han perdido lozanía,
pero nuestras almas y nuestros corazones
siguen igual y palpitan en nuestra cercanía.
Los años pasan y sentimos las mismas ilusiones.

Nuestro pelo se convirtió en blancas canas,
mi cuerpo ya no es fuerte, atlético y ágil,
pero sabes que te amo con las mismas ganas,
aunque tu cuerpo sea más débil, lento y frágil.

A mí me duelen y hasta me truenan los huesos,
mi andar, aunque quiera ir de prisa, ya es lento;
a ti te duelen las rodillas, sin dientes son tus besos,
y tu caminar tembloroso, pues te hace temblar el viento.

Veo el día pasar, espero en la noche poder dormir.
Antes dormía como lirón, ahora padezco insomnio.
Tú, con menopausia, el calor en la noche te hace sufrir,
y si logras dormir, tus pesadillas te provocan bochorno.

Los años nos han reducido el tiempo de vida,
pero nos dieron muchos momentos maravillosos,
mucha felicidad y una bonita familia, construida
con amor, con anhelos, y de eso, estamos orgullosos.

Eras como una flor bonita, agraciada y perfumada
que abrió sus pétalos perfumados para deleite mio,
y yo, con amor, cariño y dulzura, te regaba cada madrugada
deleitándome de tu néctar dulce y bebiendo de tu rocío.

Mi otrora linda flor carmín, de un aroma exquisito,
yo un clavel sonrojado al roce de tus hojas suavecitas,
el tiempo nos alcanzó implacable, lento, despacito,
dejándonos languidecidos como flores marchitas.

Amor prohibido

Quién no ha vivido en algún momento de su vida un amor prohibido o, por lo menos, lo ha deseado. Incluso, aquel que no lo ha vivido lo hace de manera imaginaria, como un sueño que espera se le haga realidad algún día, y toda aquella persona que lo ha hecho por lo menos una vez en su vida, asegura que es una experiencia maravillosa. La cuestión es que, al hacerlo por primera vez, de ahí en adelante ya no se puede dejar de hacerlo.

Los encuentros de gente que empieza a relacionarse sentimentalmente con personas fuera del matrimonio en su trabajo, en la ciudad, en las escuelas, en zonas rurales, y sus encuentros pasionales o extramaritales se dan en infinidad de lugares inimaginables. En moteles, casas rentadas exlusivamente para ese fin, en el campo, al aire libre, jardines, albercas, en el mar, bajo un portal, en casa, etc.

La historia que les contaré a continuación se da precisamente en una zona fuera de la ciudad, en el campo, al aire libre, siempre de noche, con la naturaleza como testigo.

El protagonista conoció a la mujer con la cual tenía un amorío a escondidas y contó que ella posiblemente ya tenía planeado andar con él, porque siempre procuraba encontrarlo simulando encuentros casuales. En todo momento lo buscaba, aunque a él le era indiferente, pero poco a poco, se fue enamorando de ella por su trato amable, palabras halagadoras que le decía. Incluso ella fue la que se le declaró, pidiendole que fueran amantes, porque se había enamorado de él.

Él era casado y con hijos, y la mujer casada y tambien con hijos.

Una vez ya empezado su romance, él empezó a estar un poco más distante con sus amigos, ya no los buscaba para la parranda, pero sí les presumía sus aventuras con esa mujer, contando sus encuentros a detalle: los horarios, describía el lugar de sus citas, un riachuelo, el agua corriente, la hierba, los grillos, la luna… todo lo que allí sucedía lo contaba perfectamente. Un día, de repente, contó que la mujer había terminado esa relación con él y que había quedado deshecho, que le causó mucha tristeza no poder seguir viéndola.

Sin saber el motivo del término de esa relación, me propuse escribir esta historia, ya que me parece que es muy común y que a muchos les pasa que, por andar con dos a la vez, en ocasiones, se quedan sin nada.

A escondidas

Recuerdo las noches que nos veíamos a escondidas.
El lugar de siempre, un lugar en el bosque, el paraíso terrenal.
Nos entregábamos al amor insano haciendo cosas prohibidas;
ella, esposa; yo, dueño de otra.
/Los dos caímos en el deseo carnal.

Cuando el sol se oculta, temeroso de ver lo que hacen los amantes,
sale la luna, nuestra cómplice,
/y coqueta ilumina nuestro encuentro.
Confundidos en la hierba, simulando ser parte
/del campo unos instantes,
con la luna por testigo que contempla sonrojada
/cada encuentro nuestro.

El río con su agua corriente y sonora
/nos marca el ritmo y cadencia,
los grillos y las cigarras, cual sinfonía de violines,
/aumentan mi pasión.
La hierba, como alfombra suave, y las flores
/silvestres con su fragancia,
cobijan y ambientan este amor prohibido,
/cual historia de una canción.

Tú salías de visita con la tía, y por la leche
/y el pan, eso decías en tu hogar;
yo inventaba una y mil cosas para salir hacia ti,
/a nuestro nido de amor.
Eras, para mí, la amante perfecta,
/la fruta prohibida, todo un manjar.
Ya juntos, nos entregábamos al pecado,
/sin remordimientos, sin ningún temor.

Cuando no nos veíamos, hasta el campo
/se sentía triste y nos extrañaba.
El río se apagaba, las cigarras y los grillos
/tocaban un tango de dolor,
las flores silvestres su perfume ocultaban
/y la hierba su tristeza presagiaba.
Con melancolía, la luna nueva se volvía
/y no iluminaba nuestro paraíso de amor.

A cada encuentro prohibido le precedía una reconfortante calma,
pensando en el siguiente, cómo haríamos
/para de nuevo encontrarnos,
y decías, "Llegándose el momento ya sabremos,
/solo dime cuánto me amas",
yo solo contestaba, "Ya no puedo vivir sin ti,
/no soporto el separarnos".

Una noche te noté callada y triste durante
/nuestro encuentro a escondidas,
yo pregunté qué es lo que te pasaba, "Ya no te veré más",
/sollozando me respondiste.
"No lo hagas, si me dejas sufriría sin ti, si tú decides terminar,
/moriría si me olvidas",
"Ya no puedo seguir así, mintiendo, sufriendo,
/sin tener tu amor libremente", dijiste,

El río, la luna, la hierba, las flores, las cigarras
/y los grillos, mudos testigos,
no nos verán más, callarán su secreto, verán
/que tu adiós me provoca mil heridas,
heridas que solo tus besos sanarían. No me martirices
/no me provoques más castigos,
no te alejes de mí, me dejas muerto en vida, no me niegues
/tu amor… amor a escondidas.

La mujer

Ahora hablaremos de la mujer, un ser celestial en toda la extención de la palabra, ya que sin ella no existiría la humanidad. Es la única criatura que es capaz de dar vida al ser humano; claro, con la colaboración del hombre, pero él nada más fertiliza el óvulo femenino y este se gesta, forma, desarolla y nace. Todo esto, como sabemos, sucede en la mujer.

¡Imaginen! El mundo sin la mujer no existiría como es, sin ella no existirían las familias, bien sabemos que las madres son el núcleo de la familia, y las familias forman la sociedad, y la sociedad forma las ciudades, pueblos, países y el mundo.

Entonces, la mujer tiene un propósito y una misión en el mundo, un honor tan grande por el que no se le a dado el mérito que merece.

La mujer fue creada por Dios para ser amada, respetada y protegerla, no para despreciarla, humillarla y maltratarla.

A la mujer todo el tiempo habrá que quererla, demostrándole que es insustituible e indispensable para todos nosotros. ¿Y cómo sería esto posible? Dándole amor, cariño, protección, apoyo y comprensión. La mujer Dios la entregó y la encomendó para cuidarla, pues es la creación de Dios para nosotros. Pensémoslo así, Dios hizo su más grande creación como obsequio para el hombre, por lo que la mujer es una creatura divina, enviada desde el mismo cielo para beneplácito de todos nosotros los hombres; entonces, en vez de maltratarlas, abusarlas y traicionarlas, habrá que agradecer a Dios por tan bello regalo que nos ha dado y no dejar de agradecerle, pues si no lo hacemos, Dios nos mandará el castigo con ellas mismas. Esto pasa cuando la mujer nos hace desdeños, traiciones y rechazos, porque nosotros, en lo general, la tratamos mal, ¿cómo? Cuando cometemos tantos feminicidios, las prostituimos, las abusamos, las esclavizamos y las golpeamos.

Es entonces cuando Dios nos manda un castigo divino, ¿por qué divino? Porque nos castiga con el mismo intrumento que creó con su divinidad y nos entregó para bien nuestro: la mujer.

 Mujer

Mujer sublime, criatura de angelical belleza
que por Dios fuiste enviada para ser mi compañera,
mujer hermosa que con su sola presencia me embeleza,
mujer divina, fuente de vida, de amor, de cariño y dulzura.

Mujer llena de anhelo y que, con lo que anhelas,
/encuentro un consuelo,
mujer que has creado la caricia más tierna y sublime: el beso,
ángel celestial que en tus ojos trajiste pedazos de cielo,
ojos por donde se asoma tu alma
/y me la entregas toda, sin exceso.

Mujer que me conduces a Dios con tus plegarias cuando rezas,
gracias por amar, por reír, por quererme con todo tu ser;
gracias por hacerme sentir un hombre felíz cuando me besas,
gracias, Dios, por crear este ser convertido en ángel,
gracias, Dios, por la criatura más hermosa, la mujer.

Con tus ojos color de miel, cual faros encendidos
llenos de luz que iluminan mi camino hacia ti,
venciendo la obscuridad de la noche en la que estaba perdido,
noche que presagia una tormenta de placer al llegar a ti.

Con tus ojos miel que me han guiado al placer,
siento el amor más intenso que pueda existir.
Miel dulce que empalaga mis sentidos al anochecer,
mujer, enséñame tus ojos de miel, dame tu elixir.

Mujer celestial, venida del paraíso donde habita Dios,
tú nos das vida, nos das la mano para caminar,
nos levantas y nos ayudas cuando estamos caídos,
mujer de espíritu indomable, también sabes acariciar.

Mujer, sinónimo de abnegación, sacrificio y amor desmedido,
tú haces todo de la nada y lo haces con amor y dedicación,
enseñas valores para nuestro bien y los tenemos aprendidos.
Mujer venida del cielo, que das amor, Dios así lo ha decidido.

Mujer de belleza angelical, un don que Dios te dio,
ser celestial que nos conduce al cielo en cada entrega,
mujer de amor sublime, nunca dejes de amar al hombre.
Mujer enviada del cielo, no dejes de amarnos,
mientras nuestro tiempo final llega.

Obedece a tu corazón
(Y busca sentimientos verdaderos)

Les contaré una historia que es muy universal, que a muchas personas les sucede, tanto a hombres como a mujeres, incluso a mí en varias ocasiones, por lo que creo que no existen personas a las que no les haya sucedido algo parecido.

Bueno, esta historia le sucedió a una amiga, me dijo que deseaba encontrar una relación estable, por lo que le sugerí lo mismo que a la mayoría de las personas a las que les ha pasado lo mismo y me lo confían con la idea de que les dé un consejo o cómo hacerle para que no les pase lo mismo en el futuro: que no hiciera caso al primero que le hablara, porque llegué a la conclusión de que, tal vez, el origen de tantos fracasos es que todos los que hemos vivido esta situación no hemos tenido el cuidado de elegir a quién unirnos en una relación, pues siempre lo hacemos a la ligera. Si vemos a una mujer bonita, ahí estamos, conquistándola, sin saber cómo es; ni el tiempo nos damos para conocer sus sentimientos. Ahora, con las mujeres es igual, no pueden ver un hombre atractivo y darse vuelo con él si invita las cervezas;, con eso ya se van con ellos sin saber cómo se llaman, y de los sentimientos ni se acuerdan.

Ese es el peor error que se comete para encontrar lo que en realidad buscamos en una relación: que sea duradera, pues, al tener una pareja así, a nuestro gusto visual, no faltará quien quiera quitártelo o quitártela. Ellos o ellas, la mayoría de las veces, sabiéndose atractivos, piensan que merecen algo mejor, te dejan o cambian sin pensarlo dos veces.

Por último, no busquen el amor, pues eso es lo que nos hace caer en la desesperación si no lo encontramos pronto y caemos en lo mismo. Al amor hay que esperarlo y, cuando menos lo esperas, llama a tu puerta para ya no dejarte y que seas feliz.

Amor al instante

La maravillosa sensación de sentir amor instantáneo
es una experiencia repentina, única, sublime;
la tentación de besar, acariciar, amar, tocar tu cuerpo.
Intenso es el deseo de amor que a tu puerta llame,
contagiándome de un sentimiento de cariño intenso,
imaginando el amor que pudiera darte, si estás dispuesta.
Aun cuando no se ha dado, siento que tu amor es extenso.

Siento que estás necesitada de amor, de cariño, de ternura,
acaeciendo de tu existir el tener siempre
/una esperanza de amor.
No te resistas, cree que sí existe, no vivas de la aventura.
Contemplando tu pasado, verás que has pasado dolor,
haz del amor una aventura divina, te llenaré de ternura,
y entonces, olvidarás el dolor,
/abre el corazón al cariño, al amor,
zaquearé de tu corazón el frío invernal y subirá su temperatura.

A cambio de esto, solo pido correspondencia y comprensión,
mas, si se da, siento que no habrá más desaciertos.
Aprovechar el momento y vivir con mucha pasión
día a día, despertar en ti tus dormidos sentimientos,
olvidados en lo más profundo de tu corazón,
realiza tus sueños y lograré que olvides tus sufrimientos.

Amor al instante, cada vez que lo desees, allí estará, dispuesto,
para hacer del amor una experiencia sublime y divina
al volver a sentir que vives, sentir caricias,
/besos y algo más discreto,
con las sensaciones casi olvidadas
/que hacen sentir la razón perdida
inmersa en el momento del clímax, sintiendo
/la muerte sublime por un momento,
olvidando por completo el tiempo que esperaste
/para sentir que vives todavía.

Nada vale la pena lo que hizo someter tu cuerpo de amor sediento.
Ahora es el momento de amar de nuevo,
/siente el amor que no está distante,
dale esa oportunidad a tu cuerpo, a tu corazón
/que late en ti muy adentro,
abraza esa idea de tener el amor al momento,
/cuando tú lo desees, al instante.

Posiblemente, será una nueva experiencia para ti,
/mejor que las anteriores.
Ofrécele la oportunidad a esa persona
/y atrévete a dártela tú misma,
razón por la cual creerás de nuevo en el amor y,
/así, tendrás tiempos mejores.
El amor en ti renacerá como el ave fénix
/y resplandecerá en ti como un prisma.
Lo mejor de ti sucederá en cuanto
/te entregues al amor, sin rencores.

Ahora que tienes esta oportunidad de amar como lo has soñado,
hazlo, no lo pienses, ya que el amor para ti ya no está distante.
Obedece a tu corazón, aprovéchalo
/y no lo sueltes, no lo hagas a un lado.
Recuerda, vive, disfruta el placer, el cariño, el amor al instante.

Engaño y traición

Ahora hablaremos del engaño y la traición, el sentir y pensar de personas que, de repente, se encuentran viviendo una situación de la cual nadie desea ser protagonista: la traición y el engaño por parte de la pareja o de quien tú amas. Este acontecimiento, aparte de que causa dolor en el alma y el corazón, nos despierta una serie de sentimientos negativos como el odio, la venganza, coraje, rencor y, a su vez, estos nos provocan tristeza, depresión, decepción, desprecio e, incluso, en algunas personas, provoca ganas de ya no vivir más, y tienden a querer suicidarse. Cuando es:

Tristeza.- Nos da una profunda melancolía y escuchamos canciones de las más tristes, y tomando bebidas embriagantes, según para olvidar, pero es cuando nos acordamos más de la traición.

Depresión.- Cuando les da depresión, andan que no creen lo que les está sucediendo y dejan de comer, o lo hacen de manera excesiva, y si esa depresión les da muy fuerte, en ocasiones, intentan terminar con su vida para ya no sufrir más.

Decepción.- Con la decepción es más leve lo que les afecta, pero regularmente no vuelven a confiar en nadie y tardan un buen tiempo para encontrar con quien tener otra relación sentimental.

Desprecio.- Cuando estamos dolidos, nos da por despreciar a todos. Si vemos a una pareja ser feliz, sentimos odio hacia ellos por ese desprecio que nos envenena el alma y despreciamos todo lo que representa el amor que sentimentalmente nunca alcanzamos.

El amor está lleno de misticismo; siempre he pensado que el amor es místico, ha sido un misterio para mí comprender por qué para muchos es lo más maravilloso del mundo y lo hacen todo por amor.

Para otros, hablar del amor es como hablar de algo que no existe, algo en lo que no creen.

Este es un poema de desamor y desprecio de un hombre hacia la mujer que lo engañó y traicionó.

Traicionera

La traición no se perdona ni se olvida,
siempre se lleva como un tatuaje en la piel,
que arde, quema, corroe y te hiere toda la vida.
La que traiciona nunca será nada fiel.

Vive en su mundo vendiendo y, en ocasiones, regalando placer,
consumiendo su vida, su cuerpo, su carne como un vendaval,
marchitando su alma, su ser, su espíritu, su esencia de mujer,
envuelta en un torbellino de insanos placeres llamado arrabal.

La que traiciona será siempre cruel y mentirosa,
carece de sentimientos, de amor, de ternura, de cariño;
vive el día normal y de noche como nocturna mariposa.
"Mujer de mala fama", le dicen, lo que ha marcado su destino.

Mujer que traicionas, mujer de malos sentimientos,
sigue tu vida doble, sigue con tu arrebato de bajos instintos.
Mujer que traicionas y con ello causas muchos sufrimientos,
vive tu vida llena de traición, sigue por caminos distintos.

La traición es un acto que nadie desea le suceda,
mas siempre está allí, latente, mientras una mujer esté presente,
siempre está el riesgo de si sucede o no,
/y siempre la duda se queda.
Cuando sucede, pues sucede, no importa si estás o no ausente.

Cuídate de la traición de una mujer, y más si la amas,
porque mientras más la quieres más duele la traición.
Sabiendo que tú la quieres más te oprime
/con su amor que tú reclamas.
Por eso, a la mujer no hay que amarla mucho,
/que no te envuelva con su pasión.

Cuando amas y quieres a la mujer, es cuando más te engaña.
La mujer es calculadora, sagaz
/y amorosa, pero jamás será sincera,
jamás será fiel, y te envuelve y te enreda
/como arácnido en su maraña.
La mujer es ternura, es amor, es pasión,
/pero también es traicionera.

Engaño y venganza

Y ¿qué pasa cuando el hombre es el que engaña? Pienso yo que lo mismo, la mujer sufre, se la pasa mal un momento, pasa todas las tribulaciones de la traición. Siempre ha existido la controversia de saber quién es el que más traiciona, la mujer o el hombre: las mujeres dicen que los hombres y los hombres dicen que las mujeres. ¿Y quién engaña más?, ¿el hombre o la mujer? Yo pienso que, de igual manera, hay un empate, porque ¿con quién engaña la mujer? con un hombre y, ¿con quién engaña el hombre? con una mujer, así es que, donde hay una mujer traicionera, también hay un hombre que está haciendo el acto de la traición, y viceversa.

Esto que voy a contar es una realidad, cuando el hombre engaña a su pareja, este piensa que nunca lo descubrirán y lo sigue haciendo y cambiando de amantes cuantas veces él así lo quiere hacer y, cuando la mujer lo descubre, esta cobra venganza y hace lo mismo.

Hombre traicionero

El hombre es una criatura mentirosa,
es como un lobo hambriento de carne,
arrasa y deshace como hiena rabiosa,
es una bestia que nunca sacia su hambre.

Es huracán que arrasa con mujeres a su paso,
envolviéndolas en un torbellino de insanos placeres,
atrapándolas engañosamente en un mortal abraso,
saciando instintos mundanos con las mujeres.

Hombre que confunde el amor con placer,
y, para obtenerlo, miente, enreda y engaña,
no dejará de hacerlo aunque volviera a nacer,
enredando a las mujeres cual hábil araña.

Hombre que en el placer busca la satisfacción
abusando de la mujer cada vez que así lo desea,
cuando su cuerpo se envuelve en una conflagración
siente la necesidad de causar a la mujer una odisea.

Hombre, cual bestia en brama en busca de fornicación,
abriendo a la mujer como mariposa, presta a volar,
sin hacerlo, ya que está en pose como para la crucifixión,
con la estaca clavada por el placer de su parte claustrar.

Diciendo "te amo", asegurándolo con un juramento,
anteponiendo a Dios por testigo, cometiendo blasfemia,
y todo por el éxtasis que siente en ese momento
que se contagia entre los hombres como una pandemia.

Por eso, al ser un contagio entre hombres,
es justo decir que todos engañan y traicionan,
que, para ellos, esas cosas ya son costumbre,
que hasta entre ellos lo presumen y pregonan.

Por eso, donde hay un hombre, existe el engaño,
no son de confiar, habrá que tratarlos con cautela.
Si te dice "te amo", es mentira; no es extraño,
son predadores y sanguinarios como una mustela.

Sólo recuerdos quedan

Hay momentos en que, en una relación, en la que se ha encontrado que alguno de los dos, de una forma u otra engaña o engañó al otro, es en verdad peor negarlo, porque se sabe que duele más la incertidumbre que la propia verdad. En estos casos, todo lo que se sentía por la pareja se derrumba, y es que todo lo que representó en un principio su relación, desde que se conocieron; los detalles que llegaron a enamorarlos, la insistencia para lograr que el otro se fijara en uno o la estrategia de hacerse la importante para que el pretendiente pusiera más interés con los detalles, el tiempo que uno invierte para lograr enamorar o lo que se hizo para que se diera cuenta de su interés, todas las veces que se rechazaron por el intento de lograr ser correspondidos, las tardes de paseo por las calles, las idas al cine, las invitaciones a cenar o a comer, los enojos propios de novios cuando alguien faltó a la cita, los arreglos de flores, los chocolates, los versos o canciones que se dedicaron en sus cumpleaños, los regalos que se dieron en un día de San Valentín; todos estos detalles que se vivieron en la etapa del enamoramiento y del noviazgo y una vez que ya se casaron y viven su relación, pero de repente uno de los dos pasa por alto esos detalles, ya sea por alguien que llega de repente y porque se deslumbra por ese alguien, y llega al grado de engañar a su pareja y, cuando esta se da cuenta, todo se derrumba para el que es engañado.

Y es que, lo que más duele, es precisamente que todos esos detalles que se vivieron cuando novios, todo el tiempo que se invirtió en ellos y que siempre existió un respeto para llegar a la entrega total esperando el tiempo adecuado o justo, y esa persona que te ha robado el cariño de tu pareja, así, sin más ni más, sin regalos, sin esos detalles que tú tuviste hacia tu pareja, solo por un espejismo, te olvidó por completo, de manera tan fácil.

Eso es lo que duele, la facilidad con que cambian a la pareja por algo pasajero, por alguien que tal vez no valga la pena, por alguien que lo más seguro es que nada más busca una aventura o simplemente cumplirse un antojo. Y, al darte cuenta del engaño, afrontas a tu pareja y esta lo niega. Así, ya nada queda para el engañado, todo se pierde… solo los recuerdos quedan.

Recuerdos

De todo lo nuestro, ¿qué recuerdas? Dime,
¿te acuerdas de nuestros paseos de la mano?
O, acaso, ¿recuerdas las idas gratas al cine?
¿Recuerdas que cuando te conocí era verano?

¿Recuerdas mis caricias sinceras, mis besos?
¿Recordarás las tardes nubladas, tardes de lluvia?
¿Recuerdas cuando te escribí mis primeros versos?
Yo sé que te acordarás de que todo el tiempo te preferí rubia.

Recuerda cuando besaba tus cálidos y carnosos labios,
embriagándome con tu aroma, viviendo de tu aliento.
Recordarás cundo tus pensamientos eran absolutamente míos,
pero… me doy cuenta de que todas estas cosas
/se las ha llevado el viento.

Recuerdos que para mí siguen latentes
/y que nunca se apartarán de mí,
junto a los más bellos momentos que he tenido en la vida,
el nacimiento de cada uno de mis hijos,
/y que vienen de ti y de mí.
No comprendo cómo esto se te olvidó para poder traicionarme.

Y pensarás que no tendría consecuencia en nuestras vidas,
y esto hizo temblar nuestra relación como un terremoto intenso,
que dejó sepultado en ruinas mi corazón,
/que herido de muerte gritaba,
buscando cariño en otra persona, anhelando un amor inmenso.

Ahora procuraré reconstruir a este corazón partido en pedazos,
convertido en ruinas. Espero que se logre.
/El intento valdría la pena.
Cómo deseo empezar de nuevo,
/tener a alguien más en mis brazos,
llenarla de mucha ternura, cariño, de amor y vivir una vida plena.

Empezar de nuevo y tratar de olvidar que te conocí.
El amor se pierde, pero con paciencia se puede recuperar,
así podré reconstruir mi vida amando a otra con frenesí
y, a través del tiempo, el recuerdo de tu traición voy a superar.

Con nostalgia, aún puedo recordar cómo nos conocimos,
momentos para mí maravillosos y que no se me olvidarán,
¿Cómo olvidar que usabas la falda muy por arriba de las rodillas?
Y un poco más abajo tus medias de estambre,
/que mis ojos escotaran.

¿Cómo olvidar que, para lograr que salieras
/conmigo a algún lugar
tenía que ingeniármelas para lograr convencerte
/de mis intenciones buenas?
Recuerdo el primer día que salimos, fue con amigos
/y no se me va a olvidar.
¿Cómo olvidar nuestro primer beso? Fue cálido
/y mi sangre hirvió en mis venas.

Nunca olvidaré el día que fuimos a nadar,
/me presumías tus lunares.
Recuerdos de los dos que nunca olvidaremos
/cuando juntos estábamos,
recuerdos que me llegan de todos esos
/momentos contigo en tantos lugares,
recuerdos que están allí y que perdurarán,
/aun cuando ya no existamos.

Recordarás, acaso, todos estos momentos;
/para mí, los mejores en mí vida.
Pienso, si acaso serías capaz de haber
/olvidado todos estos detalles,
pero veo que fue más fuerte el deseo insano,
/fuera de mí, y que niegas todavía,
con un firme propósito de siempre evadir
/decir la verdad y a mí pregunta, calles.

¿El amor duele?

Hablar del amor posiblemente no siempre sea agradable, pero hay ocasiones en que es necesario, porque cuando uno ve que alguna persona cercana a uno vive una experiencia de desamor al terminar con una relación amorosa o sufrir una traición de amor y está decepcionado del amor, tiene sentimientos encontrados, no vive en su realidad y no encuentra la forma de salir de esto, de superarlo.

Y es que el amor duele, duele cuando está en pleno apogeo, pues, cuanto más quieras, más es el sentimiento de celos que sientes por todo aquel que se acerca a la persona amada. Ya sean celos, desconfianza, inseguridad, egoísmo, te tiene con dolor. Duele cuando pasas un día sin ver a la novia, al novio, al esposo, a la esposa; duele cuando no la encuentras, duele cuando no la ves, duele cuando tienen un pequeño enojo. Todo esto es amor, pero duele, y precisamente no es dolor físico, es un dolor indescriptible, ¿pudiera ser dolor en el alma? o ¿dolor del cerebro? Son sentimientos de la mente, no es precisamente que sientas dolor físico, sino dolor mental, así como se siente la envidia, coraje y tristeza, que son sentimientos de la mente; o sea, sentimientos.

Por eso se dice: "andas muy sentimental", no es algo que se siente físicamente, pero duele.

Estos sentimientos de dolor y de amor que se dan cuando amas, cuando hay amor, no son tan malos, por decirlo de cierta manera, pero amas tan intensamente, tan fuertemente que, sin que te des cuenta, este amor, por lo mismo, por ser intenso, duele.

Cuando eres traicionado o te golpean, duele doblemente, dolor físico y mental, duele la traición, duelen los golpes, duele tu cuerpo golpeado y el músculo más sensible del cuerpo, el corazón.

Dolor de amor

El amor duele, nos da sensación de dolor agradable.
Para el amor, somos masoquistas, nos gusta sufrir el amor.
Si no tenemos cerca a la mujer amada, nos duele;
si sabemos que ya no nos quiere, nos mata el dolor.

Y allí estamos, gozando el desdén, el engaño, el dolor del amor,
porque, en vez de terminar de tajo, ahí estamos, rogando cariño,
pidiendo migajas de amor, mendigando un poco de calor,
y si nos lo dan, es por lástima, y eso es un martirio.

Cuando no tenemos a quién querer, deseamos tanto el amor,
que no nos importa que nos lo den a medias, compartido,
sabiendo que no nos aman de verdad. Ahí está, el dolor de amor,
por eso, con amor o sin cariño, de todas formas, estamos perdidos.

Si el amor es bueno, lo celamos, y ahí está el dolor del amor;
si nos quieren de verdad, no lo creemos
/y nos mata la incertidumbre,
¿Por qué pensamos que solo sufriendo conoceremos la felicidad?
Se puede ser feliz sin sufrir, pero no,
/en nosotros eso ya es costumbre.

El amor duele, se enferma el corazón y se entristece el alma,
porque sin amor morimos de tristeza
/y con amor, morimos de dolor.
Sin amor vivimos melancólicos y con amor perdemos la calma,
si alguien nos quiere y no como lo deseamos,
/morimos en vida, el dolor del amor.

Sin amor, hay soledad, y la soledad acaba
/con la alegría, no hay felicidad;
y con amor, la vida es alegría, es canción,
/pero en el alma no hay paz.
Para el amor, no sé si escuchar al corazón
/o al cerebro ¡que contrariedad!
Si no tenemos amor, sufrimos, y si lo tenemos,
/nos consume cual ave rapaz.

Es por eso que el amor lastima, muerde,
/golpea, tortura; dolor del amor.
De todas formas, tener amor es mejor
/que no tenerlo, nos da calor.
El amor tiene que ser confiado, fiel,
/honesto y confidente, no dolor.
Con estos elementos, no tiene que existir
/el sufrimiento, dolor del amor.

El amor duele por desengaño, traición, desamor, pero duele.
Duele cuando se ama mucho,
/cuando celas por amor, pero duele.
Duele cuando no está contigo y si te llegan sus recuerdos, duele.
Con el amor sufrimos, y sin el amor
/no podemos vivir... duele el amor.

La mujer y el hombre
A través del tiempo

Ahora quiero hablar de la mujer y el hombre desde mi punto de vista, del valor que los dos tienen en el mundo, pero de una manera literaria, no como individuos con sus derechos y obligaciones que les corresponden civilmente en una sociedad.

Porque, hablando de la mujer y el hombre en la realidad, no se sabe con exactitud cómo empezar, ni cómo se dio la existencia del ser humano.

En un principio, la mujer y el hombre tal vez vivían un poco ignorantes, sin los conocimientos que hoy tenemos, sin las tecnologías actuales, y sin una preparación religiosa, pero, posiblemente, conforme pasó el tiempo, se fueron civilizando y ordenando, y esto los hacía que desarrollaran habilidades y conocimientos, y así fueron, poco a poco, creando tecnologías para todo, pues ya vivían en familias. La mujer tuvo un papel importante en la historia del desarrollo de la humanidad: procrear hijos; y el hombre, a construir, crear e innovar.

En cuanto a avanzar espiritualmente, empezaron a creer en personajes o deidades y creaban religiones para que vivieran más organizados con sus creencias. Una de esas religiones, la católica, ha sido la que más ha crecido gracias a Jesús, que nos enseñó el amor de Dios amoroso, y nos dejó una doctrina, su Evangelio, para seguirlo. Solo que, en nuestra poca capacidad para entender y seguir sus enseñanzas, nos es muy difícil entenderlas y llevarlas a cabo tal como nos lo ordenó, porque su Evangelio tiene mucho de misticismo y a la mayoría de nosotros se nos hace imposible cumplir sus mandatos y entender la finalidad del ser humano.

Solo cuando seamos capaces de entender esos misterios y cumplir con los mandamientos que se nos dieron, llegaremos al nivel espiritual que Dios quiere, y es entonces cuando nos llevará al paraíso, para vivir en armonía y paz absoluta al alcanzar ese nivel de espiritualidad al que estamos destinados a llegar en un tiempo inconmensurable.

La mujer y el hombre

La mujer es un ser divino y celestial,
el hombre es un ídolo terrenal.
La mujer es fuente de vida,
el hombre es fértil semilla.

La mujer es un río de placer,
el hombre es un mar de pasión.
La mujer es fuego en la sangre,
el hombre es leña que arde.

La mujer es flor delicada,
el hombre es roble fuerte;
la mujer es sublime belleza,
el hombre es sutil y galante.

La mujer es lluvia que alcanza,
el hombre es tormenta que abraza;
la mujer sueña y realiza,
el hombre inventa y crea.

La mujer es ternura y dulzura,
el hombre es ruda fortaleza;
la mujer es bondad y sacrificio,
el hombre es gentil y persistente.

La mujer ama y llora,
el hombre quiere y consuela;
la mujer es inminente tentación,
el hombre es inevitable pecado.

La mujer y el hombre,
juntos, tienen un destino,
amarse, crear vida
y sellar su amor con un beso.

La mujer y el hombre,
criatura divina y ser terrenal,
al ser unidos por el Creador,
su amor resulta ser divino.

Y así, mujer y hombre,
con ese amor divino
llegarán al nivel espiritual
para el cual fueron creados y, con ello,
la mujer conquistará el cielo
y el hombre, el universo.

Dónde estás ahora

Esta historia es la continuación de la que les conté de Bruno y Carmen y que le puse por nombre "Te extraño" y que después continué con la historia "Nuestra pasión" ¿Recuerdan que Bruno ya no soportaba separarse de Carmen cada vez que ella se iba a visitar a sus padres, desde el viernes hasta el domingo? Porque cuando se enamora de alguien y esta persona se ausenta por varios días, uno la pasa muy mal, y esto causa que, en ocasiones, se imaginen infinidad de cosas que en realidad no suceden. Esto pasa cuando se es inseguro o celoso de la novia; solo de esa forma se llega a imaginar que tal vez te engaña con otro o que lleva la relación sin tomarla en serio, que tal vez piensa terminar contigo y, entonces, es cuando se llega a la imaginación de cosas sin ningún fundamento. A veces, es tanto lo que uno está indeciso en una relación que, hasta esos sueños, se vuelven pesadillas. En ocasiones, es tanto el amor, es tan fuerte, que duele.

¿Se acuerdan de que Bruno me decía que soñaba con Carmen y se despertaba para ya no volver a dormir? Pues esto es parte de sus sueños, soñaba que Carmen estaba con alguien más, y los veía besándose de una manera apasionada. Veía en sus pesadillas que ella se le entregaba totalmente al sujeto y estaba seguro de que no era él. Por eso pensó en casarse con ella, para que así ya no la extrañara, me contaba:

—Extraño su voz, sus ojos, su boca de un rojo carmesí. Y ahora que llegue, la besaré, la abrazaré, la tomaré de la cintura, tan firmemente, que ya no la soltaré jamás. Siento celos por ella, de todo aquel que voltea para verla, del aire que la toca, de los amigos que le hablan, del lugar donde vive, porque está más tiempo ahí que conmigo. Total, que tengo una gran incertidumbre por no saber dónde está ahora, con quién estará, qué otra boca escuchará y qué le dirá.

Dónde estarás

Dónde estarás, qué boca tus labios besarán,
mientras yo, aquí, pensando una y mil cosas.
Me tortura el imaginar qué manos te tocarán,
quién tocará tu cuerpo con sus manos toscas.

Me matan los celos, me quema la incertidumbre.
Al no saber de ti, siento ganas de volar y llegar a ti.
Esta situación de no saber de ti se me hace costumbre,
voy a tomar el camino e iré veloz para llegar a ti.

Mientras me llegan tus recuerdos a raudales,
sigo hacia ti, quiero sentir tu calor, escuchar tu voz,
así como cuando me dices al oído: "ámame como solo tú sabes",
y tus labios de rojo púrpura me besan, fundiéndonos los dos.

Sintiendo que ya casi llego, me invade una emoción
de saber que te veré otra vez, te besaré y te abrazaré.
Apretaré tu cintura y al oído te diré una canción
que hable de ti y de mí y ya no me apartaré.

Dónde estás ahora, que llego y no te encuentro,
la impaciencia me mata y tú no estás aquí,
¿acaso será que has decidido acabar con lo nuestro?
Dónde andarás, con quién estarás, ahora que necesito de ti.

Sabiendo cómo eres, no creo seas capaz de terminar conmigo,
si mi corazón está en ti y el tuyo estará siempre en mí,
y sé que tú me quieres, así como yo a ti, y siempre estaré contigo.
Ven pronto, que yo te necesito y tu recuerdo está en mí.

Pronto vendrás, seré feliz y ya nunca te dejaré ir de mí,
te diré lo mucho que te amo y que ya nunca me iré de ti.
Tu regreso espero y te besaré, te abrazaré como siempre, así,
y, entonces, verás que ya nunca desearás apartarte de mí.

Dónde estarás, ven, que te enseñaré lo que es el verdadero amor.
Aprenderás a amarme, a sentir el amor
/como nunca lo has sentido,
y de tu alma, de tu corazón, se apartará por siempre el dolor.
Ven, que aprenderás a ver que conmigo está tu dicha, tu destino.

Ven, que quiero que seas feliz, y solo conmigo lograrás serlo
y, entonces, ya no te dejaré marchar. Sé que pronto vendrás
para estar juntos siempre; nadie tu amor de mí podrá separarme.
Sé que así será, pero por ahora me pregunto: dónde estarás.

Tú y yo

Ahora les contaré una historia que hace ya un tiempo me sucedió. Tendría alrededor de veinte o veintiún años cuando sucedieron esos acontecimientos, cuando me enamoré de alguien que pensé que era la definitiva para decidir casarme, y me sentí tan enamorado que llegué a escribirle algunos poemas en los cuales le decía todo lo que en verdad sentía por esa muchachita.

Tenía casi los mismos gustos que yo, le gustaba ir al cine e igual le gustaba ir a bailar, a nadar, ir de paseo a conocer diferentes estados, lugares, pueblitos. De música le gustaban varios géneros, siempre y cuando fueran canciones románticas y baladas. Bueno, hasta le gustaba el mismo equipo de futbol que a mí.

Nos acoplamos muy bien los dos. Lo que no le gustaba o quizá desconocía, era leer poesía, pero al empezar a leer los míos y de algunos poetas que yo le sugerí, es como empezó a leerla.

Éramos unos verdaderos viajeros, y como era del mismo barrio, no teníamos problema alguno para vernos a diario, y si algún día no nos veíamos, ya sea por trabajo o por causas ajenas a nosotros, nos extrañábamos mucho, ya que siempre he sido muy intenso para enamorarme y entrego todo sin temor; mi cariño, confianza, amor, el alma y el corazón.

Como yo le había sugerido que leyera a varios poetas, pues tuve que componerle un poema con palabras un poco más técnicas y lleno de metáforas; ya saben, para no quedar mal como buen compositor de poemas. Como ella leía, le quise demostrar que al componer mis poemas no solo sabía componerlos sencillos, sino también como buena literatura. Muy técnicos, según yo.

A este poema lo titulé: "tú y yo", y créanme que le agradó tanto que fue la primera persona que me comentó que escribiera un libro de poemas, pero yo en ese momento no tenía el interés de realizarlo.

Resulta que un tiempo después terminamos. Fue un final feliz, sin rencores, solo con un poco de dolor, pero así es la vida.

Tú y yo

Tú, como brisa temprana que humedece mi cuerpo;
yo, la lluvia que precede a la brisa mojando tu rostro;
los dos nos pertenecemos como el mar y el puerto,
Amor sempiterno e inconmensurable; así es el nuestro.

Tú, ángel caído del cielo con esencia de lo divino;
yo, terrenal, influenciado en lo religioso y lo pagano;
nos sentimos atraídos los dos como el pan y el vino,
condenados a vivir un amor real, místico y mundano.

Tú eres la razón de mi vivir, con tu amor me das vida;
yo, soy tu respiración, tu oxígeno, tu razón de existir;
Tú, flor de la mañana llena de rocío de la bruma extraída;
yo, un colibrí que se extasía con tu néctar de dulce elixir.

Tú, rosa delicada, que me tortura con su delgada espina;
yo, frenético abejón que succiona tu polen y todo lo afano,
extasiándome el perfume de tan bella flor que me fascina,
quedando satisfecho, alucinando otro encuentro no lejano.

Tú, estrella que me guía al cielo donde vive Jesucristo;
yo, anhelando tu luz que me das cuando estoy cerca de ti,
una luz más clara que la de la luna, que viene del infinito.
Navegaré el cielo buscando tu luz para que estés junto a mí.

Tú, tormenta de palabras dulces
/que me impregnan de amor perenne;
yo, árbol frondoso que acoge tu amor
/dulce como rocío de primavera,
y tu amor hacia mí es inmenso e irremediable, que no se contiene.
Estaremos por siempre unidos con nuestro amor y así prevalecerá.

Tú estás en mi mente, me haces delirar
/y, por tu amor estoy demente.
Yo, con mi mente extraviada por ti, resulto ser un sujeto superfluo,
tu amor sublime, enigmático y religioso
/me ha convertido en un creyente;
estando contigo me parece escuchar una melodía,
/un murmullo melifluo.

Tú, mujer enigmática y llena del más
/incomprensible misterio de bonhomía;
yo, sin ti, sin tu cariño, sin tu presencia,
/soy un hombre sombrío, desolado.
Tú llenas mi corazón y mi alma del conocimiento
/del amor, de paz, de armonía;
yo contigo soy el hombre más feliz, tu amor,
/como un imán, me mantiene a tu lado,
y así permaneceremos juntos eternamente… tú y yo.

Quiero ser parte de ti

De tu vida

Hubo un acontecimiento en mi pasado que quisiera contarles, ya que me parece que es una historia digna de que la conozcan. Así como a todos nos pasa en algún momento de nuestras vidas y ese momento lo guardamos como un recuerdo maravilloso y como lo mejor que nos ha pasado, lo guardamos muy en el fondo del corazón y el alma se nos llena de alegría y nos emocionamos tanto cada vez que lo recordamos.

Llegó el momento en que alguien entró en mi vida precisamente después de haber pasado una gran desilusión, un desengaño más, pero ella llegó llenando mi alma de anhelo, de ilusiones, de emoción y mi corazón henchido de alegría solo quería pertenecer a ese alguien, sí, a esa mujer, hacia la que, además de sentir un amor tan fuerte, despertaba en mí una inspiración tan grande que fue en la época en que más escribí poemas. Llega uno a querer tanto a alguien, que es capaz de hacer lo que sea por esa persona, a sentir muchas emociones, y todos los sentimientos positivos que puedan existir, el amor, ilusión, ternura, pasión y un deseo sano de fundirse con ella hasta convertirse en uno solo y vivir así por siempre para no separarse jamás. Cuántas cosas quisiera uno ser para satisfacer ese deseo de por siempre estar al lado de ella, que es la que nos causa una gran inquietud, porque nos roba la calma, el sueño.

Ahí fue cuando decidí pedirle que se casara conmigo, para fundir nuestras almas y corazones, para estar unidos por toda la eternidad.

Buscaba yo las palabras más bonitas para decirle "te amo", las formas más precisas para demostrarle que ese amor que sentía por ella era el más sincero y grande del mundo y eso me llevó a componer los poemas más bellos.

Quisiera ser

Quisiera ser el dueño de tu amor
para estar todo el tiempo juntos.
Permanecer en ti, darte calor,
despertar de ti el amor, tus instintos.

Quisiera tener el don de la magia y que con solo
desearlo, aparecieras a mi lado,
entregarte todo el cariño que tengo
y que me ames como nunca has amado.

Quisiera ser por siempre tuyo,
estar siempre el uno para el otro,
que lo nuestro no sea solo un murmullo,
y, así, permanecer contemplando tu rostro.

Quisiera para siempre guardar esos momentos,
que se quedaran plasmados o grabados,
que perduraran por siempre en mi mente
y tenerlos presentes como bonitos recuerdos.

Quisiera ser un buen poeta
y escribir todos esos sentimientos,
que tú en mí despiertas, llenar mi libreta
de todos nuestros bellos momentos.

Convertir los instantes que paso contigo en versos
y con todos aquellos momentos que vivimos juntos,
escribir la historia de tus caricias y de tus besos,
y así crear el poema más hermoso con comas y puntos.

Escribir nuestra historia como escritor bajo la brisa,
tener la sensibilidad y el sentimiento de un poeta
para hacer versos de tus ojos, tu boca, tu risa,
describir en prosa tu cuerpo y tus caricias en mi libreta.

Para hacer de un beso tuyo un poema de amor;
cada vez que nos amamos, una rima sin puntuación.
Escribir de nuestros enojos un tango de dolor,
y por cada entrega, una poesía o una bonita oración.

Quisiera ser un gran adivino
para saber si tú me amas con todo tu ser,
para pedirte que te cases conmigo,
y hacer de nuestro amor un cuento para leer.

Quisiera tener la inspiración de un escritor
para escribir una novela de nuestras vidas,
tendría que ser la historia más bonita de amor,
y yo ser para ti el escritor que escriba tus aventuras vividas.

Quisiera ser por siempre tuyo
y hacerte felíz, que vivas dichosa,
que lo nuestro no sea solo un murmullo.
Quisiera para siempre que seas mi esposa.
Todo esto para ti… quisiera ser.

Sueño surreal

Cuantas veces no ha tenido uno sueños llenos de fantasía; de esos sueños surreales con los que uno se confunde de lo que es real o irreal, con mucha utopía, que de cierta manera en lo profundo de la inconsciencia lo que soñamos posiblemente es algo que deseamos, y cuando estamos despiertos sabemos que nunca se hará realidad, y es por eso que se presenta en nuestros sueños.

Cosas que conscientemente no nos damos cuenta que deseamos y, como bien sabemos que es imposible, nos pasan desapercibidos, ni importancia le damos si se realizan o no, pero en nuestros sueños allí está latente el deseo de algo o de algien que trata de salir de la inconsciencia hasta llegar a la consciencia para que se convierta en algo palpable, algo real.

¿Qué quiere decir esto? Que dentro de lo que sueñas, cuando despiertas te das cuenta de que en tu sueño viviste acontecimientos reales, o sea, que sí es posible hacer en la realidad lo que hacías en tu sueño. Lo surreal es cuando las cosas que haces en tus sueños, una vez ya despierto, sabes que es imposible hacerlas en la realidad.

Ahora, el sueño que compete a esta historia es este: hubo una etapa en que soñaba siempre lo mismo; soñaba con una mujer, siempre igual, la misma apariencia, la misma vestimenta, a tal grado que cada vez que empezaba a soñarlo, de inmediato mi inconsciente se decía, "ya está aquí otra vez este sueño", y luego luego sentía esa sensación que da cuando empiezas a ver un programa o una película que has visto en repetidas ocasiones y te dices "ya sé lo que sigue" y, en efecto, todo sucede igual.

Resulta que soñaba a una mujer enigmatica, llena de misticismo. Esa mujer siempre me envolvía con su extremadamente largo pelo, como una enrredadera, y me arrastraba hacia un mundo irreal. Una vez ya en el lugar al que me llevaba, me desenvolvía de su pelo en un lecho colgante de un árbol que tenía la cima en una montaña rodeada de nubes rojizas por el sol que a lo lejos caía presagiando la noche y dabamos rienda suelta al placer del amor como nunca en la realidad se ha hecho.

Este sueño de esa mujer enigmática, así, sin más ni más, abandonó pronto mis sueños más surreales, porque nunca la volví a soñar.

Sueño profundo

Angelical mujer de ojos de miel,
rostro celestial que hipnotiza mis sentidos,
que hace a mi mente caer en un profundo sueño,
transportándome a un mundo mágico y lleno de misterio,
extendiendo su larga cabellera cual cascadas nocturnas que me
toman por asalto como hiedra arrastrándome
/a una vorágine de sueños,
donde se apodera de mi sueño más profundo, lleno de anhelos.

Viéndome en un templo, postrado en el sagrario,
/fortaleciendo de fe mi alma,
inundado de un sentimiento de total silencio, de paz y de calma,
atraído por su imagen celestial, siento que he encontrado mi fe,
saqueando de mí sueño profundo,
/la fe que a Dios pedí me mandara.

Logrando razonar en mi propio sueño,
/la siento conmigo en un lecho.
Sintiendo confusión, no sé si es realidad o sueño,
/pero me parece sentir su aliento,
porque escucho un susurro de satisfacción
/agradeciendo haber llegado al éxtasis.
Embelesado, veo un cielo rojizo con ella,
/perdido en un sueño compartido,
zambullido en ese éxtasis que mi sueño profundo me hace sentir.

Aun cuando sé en mi subconsciente que solo es un sueño,
replico una y mil veces ese sueño para que no tenga fin,
agregando más pasión e imaginación al placer de sentir su cuerpo,
creando más fantasía en mí sueño surreal, viéndome en una nube,
alcanzar la montaña más elevada, buscando con ello llegar
al lugar perfecto donde mi mente alocada
/busca un refugio muy alto.

Lo más cercano al cielo para agradecer
/que este sueño fundió mi cuerpo y el tuyo,
balbuceando una hermosa plegaria
/para que este sueño no termine;
plegaria que me hace sentir que Dios
/me ha escuchado, porque sigo soñando,
y es en este sueño en el que nuestras almas se invaden
/de algarabía por demostrarse
zalamería desordenada y llena de misticismo.

Buscando eternizar este sueño, me resisto a volver a la realidad,
avanzando cada vez a lo más profundo de mi mente aletargada
para encontrar los más misteriosos secretos
/y saber lo que busco o deseo.
La realidad y la fantasía se fusionan,
/causando confusión en mi mente,
ordenando a entregarme en este desorden propio de mis sueños,
buscando cómo traer la fantasía de mí sueño
/a la realidad de mi despertar.

Queriendo salir de este sueño surreal
/y a la vez deseando no despertar jamás,
encontrando un poco de calma en mi alocado desvarío,
nutriendo mi mente con esa calma sumergido en una meditación,
imaginando toda la irrealidad posible que causa mi sueño,
fantasía que en la esquizofrenia de mi mente sigue atrapada,
atrayendo con ello un poco de lucidez en mi atormentado cerebro,
con la imagen mística que a mi mente robó
/la calma, apoderada de mí sueño,
inmerso en esa vorágine de sentimientos
/encontrados, sin comprender,
obligándome a buscar dónde empieza mi despertar
/y dónde termina mi sueño…
Sueño profundo.

Me arrepiento

Hay ocasiones en que uno hace daño a la mujer amada y, al ver que a esta le afecta demasiado, nos llega el arrepentimiento sincero, pero no encontramos la manera de remediarlo e, incluso, ni para disculparnos; menos para pedirle que nos perdone, pues engañar a la novia tiene consecuencias.

Esto le pasó a un amigo allá por el año 86, me contó que lo había descubierto teniendo otra novia al mismo tiempo, por lo que este fue el motivo que terminó con él. Para esto, me pidió le escribiera un poema en el cual se arrepentía de su proceder, pero que no pensaba seguir con ella, solo quería que en ese poema ella se diera cuenta de su arrepentimiento sincero.

Resulta que, al andar con otra muchacha, eligió mal, ya que esta lo dejó meses despues, por lo que él quiso regresar con la primera a la que le dio el poema que le escribí, pero, aunque le había dolido mucho el que este la engañó, poco tiempo despues encontró el amor con otra persona y, cuando mi amigo quiso conquistarla de nuevo, esta ya se andaba casando. A mi amigo le causó mucha tristeza porque, según él, sí la quería, pero no quiso seguir con ella porque él se sintio mal con lo que le hizo. Como vió que la perdió para siempre, a él le dio mucho por tomar hasta quedar perdido y tirado en la calle cada vez que tomaba, y esto era muy seguido. Por esta razón perdió su trabajo y por lo mismo no encontraba otro, y así, poco a poco, fue cayendo hasta tocar fondo.

A causa de ese vicio que nunca dejó fue que perdió la vida. Tanto alcohol en su cuerpo le deshizo el higado. A mí me impactó mucho esto, porque era un buen amigo mío y era muy joven, al fallecer contaba apenas con veintitres años.

Ocaso

Casi cae la noche, la calle esta oscura y desierta.
De pronto aparece una chiqilla de cabellera rubia,
con su semblante triste y su alma desecha,
de sus ojos brotan lágrimas confundidas con la lluvia.

Ya no tiene su carita despierta y rebosante
que en otros tiempos alegraba la calle,
con sus ojos de cielo y mirada radiante,
no existía un ser tan alegre como ella en el valle.

Esa chiquilla que otrora era toda alegría
ya no sonríe, no juega, ni tampoco canta;
¿Quién le haría daño que la hace ver sombría?,
¿Cuál será su pena, que se ve que no la aguanta?

¿Será la pena de un amor que se va y sola la deja?
¿Será acaso que siente miedo de una despedida?
Cual crepúculo que avisa que el sol se aleja
y la deja en sombras y siente que no es comprendida.

¡Dios! Mándame un castigo por causarle su pena,
porque sabiendo que ella es dulce, tierna y buena,
le he causado una profunda tristeza a esa reina.
Merezco un castigo, una severa condena.

Por hacer sufrir a esa chiquilla de ojos de mar,
por hacer llorar a esa criatura linda y sensible,
porque no merezco su cariño, por no saberla amar,
porque le causé un gran daño irreversible.

¡Dios! Mándale un amanecer radiante y hermoso,
por amor a ella borra de su mente esa tarde fría,
ese ocaso tan negro, lluvioso y borrascoso,
ayúdala a olvidar, haz que de nuevo sonría.

Yo merezco los peores castigos del mundo
por hacerla llorar, por causarle sufrimiento,
por haberle causado un dolor tan profundo,
no merezco su amor, por hacerle daño me arrepiento.

Que salga el sol para ella anunciandole un nuevo día,
y, para mí, la noche más obscura, eterna y no de paso.
Para ella, el sol más radiante que la llene de alegría;
para mí, una noche lúgubre y fría, que le precede al ocaso.

El vino

Hablar del vino tal vez para unos sea de su agrado y para otros será desagradable, ya que el vino puede ser sinónimo de parrandas, borracheras, promiscuidad, fiestas, festejos, reuniones que causan diversión, alegrías y felicidad superficial, pero, para otros, será sinónimo de tragedias, accidentes, pleitos, discordias, abusos que causan muertes, violaciones, asesinatos y sufrimiento.

Todo esto es porque existen personas que toman vino sin medida, sin control, hasta perder la lucidez, la razón y la cordura, y otros que, al beber vino, sí lo hacen con moderación, con medida y control.

No es malo tomar vino, lo malo es hacerlo sin responsabilidad. Bien sabemos que, hasta Jesús, en una boda a la que fueron invitados él y la virgen María, las famosas bodas de Canaán, los anfitriones se apenaron porque se les acabó el vino y, viendo la Madre de Jesús la tribulación de los anfitriones, le pidió a Jesús que les transformara un poco de agua en vino. Jesús obedeció la orden de su Madre y pidió que llenaran unos jarrones con agua y que empezaran a servir a los invitados. En un principio, incrédulos, empezaron a servir las jarras con el agua, y con gran asombro y sorpresa, vieron que el agua se había convertido en vino, y así continuó la fiesta gracias al milagro que realizó Jesús.

Con este acontecimiento nos damos cuenta de que el vino no es malo, lo malo es no saber beberlo con responsabilidad y control.

Vino

Vino espumoso, vino amargo, vino tinto.
Vino, que embriagas y embruteces mis sentidos;
vino, que me haces ver todo distinto;
vino, que aceleras en mi corazón sus latidos.

Vino, que me haces alucinar felicidad
sintiendo un placer distinto, ficticio;
vino, que embriagas a todos con facilidad
viviendo en un mundo irreal, plagado de vicio.

Vino, que tienes cuerpo, aroma y color, como la mujer.
Y, al igual que tú, ella me embriaga con palabras dulces,
con suaves caricias y besos que me llenan de placer
y, al igual que tú, me da momentos felices.

Vino tinto, vino fresco, al tomarlo, me refrescas el calor.
Vino, que me atrapas y te interpones en mi camino.
Mujer, que al tomarte me llena de ternura y amor
Mujer, tus encantos me hacen llegar a mi destino.

Uva trillada con los pies para extraer tu elixir
que el tiempo convierte en manjar exquisito.
Vino amargo, vino tinto, gracias por existir.
Vino bendito, vino consagrado, sangre de Cristo

Vino embriagador, vino que naces de la vid.
Vino que de buen buqué y en mi copa tintineó,
vino suave que deleitaste y animaste al rey David
para enfrentar con su destreza al gigante filisteo

Vino tinto, vino rosado, vino que vienes de buena mesa.
Vino, que acompañas las tertulias y alegras las fiestas.
Mujeres y vino, buen dueto; al vino le tomo y la mujer me besa.
Vino sublime, con tu aroma y sabor, al placer me despiertas.

Me has embrujado

E xisten historias increíbles en el amor y esta es una de ellas. En ocasiones pasa que hay quien se enamora de repente y sin proponérselo de alguien con quien todo el tiempo se ha tenido solo una amistad, alguien que nos es indiferente en cuanto al amor. Por más que buscas una explicación, no la encuentras, y le preguntas "cómo ha pasado esto, si éramos solamente amigos, qué me has dado, me diste un jarabe o una pócima del amor". Estas son cosas inexplicables; sabemos que en el amor pasan cosas impensables.

Y, tal vez, se da porque han existido amistades que han sucumbido al amor y se entregan a él y, quizá, ese tipo de romances que surgen de una amistad llegan a ser más sólidos, porque se supone que ya se conocen mejor que aquellos que empiezan una relación casi sin conocerse. Ya conocen las virtudes y defectos de cada quien y, entre ellos, existe la lealtad y la confianza y es un poco más difícil que pueda existir engaño o hipocresía entre ellos. Así, llegan a quererse, preguntándose, "¿Cómo fue que pasó esto? Tú me has embrujado", porque embrujo no precisamente es la acción de preparar pócimas para embrujar a alguien; yo hablo del embrujo que causa una persona hacia otra, en el sentido visual, emocional e incluso, mental, Hay personas que tienen algo de "magnetismo" o son muy carismáticas, y que, sin querer, ejercen sobre otra una atracción. Estas exclaman con asombro: "¡Todo de ti me cautiva!", "¡No puede ser, esa mujer tiene algo, un no sé qué, que me atrae!"

Porque esas personas tienen personalidad, carisma, el don de "caer bien" a todo mundo, tienen el arte de saber fascinar, cautivar, arrobar, seducir, embelesar, pasmar, conducir.

Brujería

Eres una mujer hermosa, muy atractiva y fría.
Cuando te conocí, me eras indiferente, no me atraías,
aunque tus encantos no los pasaba por alto, me distraías.
De repente, surgió la atracción. ¿Qué me hiciste? Brujería.

Te veía como veía a cualquier persona, me sorprendías
con tu belleza, pero no llamabas mi atención todavía.
Te veía como eres; divertida, atenta, contagiabas tu alegría.
Ahora, no como, no duermo, no soy yo, esto es brujería.

Yo era alegre, vivía la vida, no tenía preocupaciones;
ahora, me siento enfermo, sin ánimos, sufro de agonía,
muero al no saber de ti, y en ti están mis aspiraciones.
En un momento pasé de la vida a la muerte, es brujería.

Yo vivía feliz como un niño que no piensa en el amor,
que ignora la inquietud del amor, que acaba con toda alegría.

como un niño que es feliz porque no conoce
/las tribulaciones del amor,
como un niño que con su inocencia no le afecta la brujería.

Brujería de amor que cuando te alcanza
/vives como una marioneta.
Amor brujo, que te maneja a su antojo
/y felizmente a todo dices que sí.
Amor brujo, que así como te hace feliz, también te atormenta,
amor, que, aunque te embruja, te embelesa
/y te atrapa, eres feliz así.

Mujer hechicera que con un beso dulce
/y suave me has embrujado,
tienes el encanto, el don, el poder, la magia de una sacerdotisa
que ha consultado a la diosa del amor
/para que esté de ti enamorado.
Con tu don de sacerdotisa, Venus te dio
/ese cuerpo que me hipnotiza.

Porque eres mística guerrera y hermosa
/como las diosas del olimpo,
tú eres una mujer perfecta, así como Venus
/o Afrodita, diosas del amor.
Tienes personalidad y misticismo que me
/ha cautivado en muy poco tiempo,
tu hipnotismo me tiene de ti enamorado,
/me abrasa y calcina tu calor.

Hechicera enigmática, diosa mitológica
/que me atrae como imán al acero,
mujer hechicera azteca que me dio un brebaje
/que al amor despertaría,
alucinando con estruendos de tambores,
/danzando contigo en un círculo de fuego
hasta quedar exhausto en la vorágine
/de un mundo fantástico… de brujería.

Para las madres

Esta vez, si me permiten, les hablaré del ser más grande del universo, el más bondadoso, que es capaz de vivir las más grandes odiseas y sacrificios, de aguantar muchas penalidades y realizar los más grandes heroísmos. Como ejemplo de todo esto es tener el valor de decidir ser madre, y todo lo hace por amor.

La mujer, así como es, con su esencia, su género, su vitalidad, es fuente de inspiración, fuente de sueños, responsable de despertar sentimientos como amor, cariño, ternura, e incluso, también celos, coraje y decepción.

La mujer tiene un superpoder aún más grande: es fuente de vida, porque tiene el poder de procrear, de reproducir seres a los que les llama hijos y estos, a su vez la llaman mamá. Por eso, la mujer, al convertirse en madre, conlleva responsabilidades para con los hijos, de las cuales citaré solo algunas de ellas: para empezar, nos lleva en su vientre varios meses con molestias, dolores e incomodidades; nos amamanta en los primeros meses de vida; es la primera persona que nos enseña a hablar, caminar, nos enseña valores de vida, a respetar y a respetarnos a nosotros mismos, así como a integrarnos con amor a la familia. Hace los quehaceres propios del hogar, que son pesadísimos, agotadores, que van minando su juventud y su salud. Nos despiertan un gran amor por ellas, aun cuando ya no estén con nosotros, siempre las recordaremos porque se quedan en nuestro corazón y forman parte de nosotros, su esencia nos llena de grandes y buenos recuerdos por sus enseñanzas que nunca se olvidan, los consejos, y ejemplos de vida que son los que las mantienen vivas en nuestros recuerdos.

A mi madre

Madre: tú que me tuviste en tu vientre mucho tiempo;
tú, que decidiste con valentía mi nacimiento y me diste la vida;
tú, que me enseñaste mis primeras palabras, mis primeros pasos;
tú, que eres todo amor, ternura y cariño;
/tú eres mi sol, eres mi guía.

Madre: tú que pasaste desvelos, penurias y sinsabores;
tú, que me enseñaste lo bueno y lo malo;
tú, que me enseñaste de la vida los buenos valores
que me dan sabiduría y a expresarme bien cuando hablo.

Madre: tú que me diste el mejor ejemplo de vida;
tú, que me diste consejos y me diste apoyo;
a ti, que me brindaste siempre tu mejor sonrisa;
a ti, que me tuviste paciencia y me enseñaste a vivir sin prisa.

Gracias por ser como eres, por estar conmigo;
gracias por ser mi madre, por alentarme siempre;
porque siempre que te necesito cuento contigo,
porque gracias a ti este corazón ama y siente.

Porque siempre en la vida me llevaste de la mano.
A ti, que me enseñaste a respetar, a querer y a perdonar;
a ti, que lloras y con tus lágrimas venciste mis rebeldías;
a ti, que tanto me enseñaste; a ti, que nunca voy a olvidar.

A ti, que tanto, que me diste sin exigir nada a cambio;
a ti, que me perdonas todo cuando mi frente besas;
a ti, que me enseñaste a conocer a Dios;
a ti, que no me olvidas cuando rezas.

Gracias, madre, por ser mi confidente, mi consuelo,
porque eres para mí un modelo de vida.
Gracias por tus lágrimas, tus desvelos y plegarias,
gracias por ser mi madre, por todo esto… Gracias.

Mi madre y sus recuerdos

Con gran cariño y respeto contaré los momentos gratos y felices que viví con mi madre, ya que para mí fue la mujer más maravillosa, amorosa, protectora y cariñosa con sus hijos.

Mi madre, siendo nativa de Felipe Carrillo Puerto, aquí en Querétaro, cuando se casó se fue a radicar a la Ciudad de México. Allá nacimos todos mis hermanos y yo. Desafortunadamente, mi madre enviudó y, al quedar sola con sus hijos, se vio en la necesidad de regresarse a su tierra natal. Era yo tan solo un niño y así fue como llegué a Querétaro; mi madre, en ese entonces, tenía su máquina de coser y recuerdo que le llevaban a la casa telas ya cortadas que solo tenía que unir para armar las prendas de vestir. Hacía maquila de ropa, y eran montones de prendas las que cosía a máquina. En ocasiones, me ponía a ayudarle, ya que aprendí a coser a máquina desde los seis años de edad y con gusto ayudaba a mi madre con su trabajo.

Mi madre nos llenaba de consejos todo el tiempo y, al quedar sola, nos supo conducir por el buen camino y siempre tuvo presente la prioridad de que nunca faltaran los alimentos y la educación en casa; aunque éramos muchos, nos mandó a la escuela.

Cada vez que nos pasaba algo a cualquiera de mis hermanos o a mí, lo notaba de inmediato y nos interrogaba hasta quedar satisfecha de que le decíamos la verdad. Nos enseñó a respetar las cosas ajenas, a ser honestos, a llevar a cabo los quehaceres de la casa. Aunque la mayoría de sus hijos fuimos hombres, nos enseñó quehaceres propios de mujeres en esos tiempos, pues todos aprendimos a cocinar, a lavar la ropa, planchar, barrer, trapear y lo hacíamos bien. Lo importante es que, a pesar de no contar con un padre, nos mantuvo dentro de una línea de buen comportamiento, aunque para esto tuvo que utilizar mano dura, pues, con diez hijos, ocho hombres y dos mujeres pequeñas, tenía que hacerlo de ese modo. Si no, nos hubiéramos salido del carril uno que otro de sus hijos. Cabe mencionar que mi madre enviudó muy joven; aunque tenía diez hijos, era muy joven. La casaron poco más de cuatro meses antes de cumplir los doce años. Lo que más recuerdo con cariño de mi madre es que nos quiso mucho a todos por igual, sin distinguir a ninguno de sus hijos, y ahora que ya no está con nosotros, la recuerdo con cariño y amor.

Recordando a mi madre

Un día de tantos, llorando y triste por terminar con mi novia,
lleguè a casa y mi madre lo notó de inmediato:
—Hijo —me preguntó— ¿Por qué vienes mojado,
/te atrapó la lluvia?
—No —le dije—. Solo tengo un dolor de cabeza que no aguanto.

Es que no aguanto tanto tiempo fuera de casa, estoy cansado,
trabajar y estudiar es muy pesado y siento que no puedo más.
—Lo sé, hijito, pero solo así saldrás adelante, si estás preparado.
Y eso no es lo que te pasa, es otra cosa,
/aparte de cansado, ¿qué más tienes?
—Nada, madre, solo que pienso dejar
/de estudiar, estoy desesperado.

—No, a ti te pasa algo, dime qué es mientras te secas.
—En verdad no tengo nada, caminé mucho
/y solo estoy cansado. —
Me miró de frente a los ojos y dijo
/con paciencia:— No me mientas,
dime qué es lo que tienes, parece que estás asustado.

Me pidió tanto que le contara cuál era el motivo de mi pena,
que yo, para no mortificarla de más, le cambiaba la plática,
y mi madre, suavemente, me abrazaba y decía con voz tierna,
—Ya, mijito, cuéntame. —Con sus manos
/en mi rostro, venció mi táctica.

No aguanté más la emoción y, sollozando,
/le dije: —Terminé con mi novia.
Mi madre empezó a secar mis lágrimas, —Ay, hijo,
¿para qué pelean? Ya ves que algo tenías y no era nada de lluvia.
piensa que las madres tenemos un don
/especial para cuidarlos —me dijo.

Y, luego, añadió:—. Nosotras las madres presentimos
/lo que les pasa a nuestros hijos. —
Todo el tiempo, muy suspicaz, escudriñaba
/lo que pasaba sin hacer alarde,
y decía:—. Casi adivinamos lo que les pasa
/con solo verlos a los ojos. —
Recuerdo que se adelantaba a nuestros actos
/como un *déjà vu*. Así era mi madre.

Y hoy, recordando el apoyo, esa protección de madre
/que hacía años no sentía,
me dejé llevar por mi tristeza y lloré como cuando
/niño y ella me consolaba,
y decía:— Siempre cuéntame tus cosas,
/yo estaré para ti de noche o día
ahora que vivo, y si no, igual siempre estaré contigo.
/—Así, mi madre me animaba.

Y, desde ese día, así lo hago; la invoco y le pido ayuda,
y mi madre, todo el tiempo, allí está, con su apoyo y sus consejos,
siempre arropándome, cada vez que necesito ayuda,
reforzando más el vínculo con mi madre,
/y así nunca me siento solo.

Por eso, cada vez que algo me acongoja
/y acabo desanimado y derrotado,
recuerdo a mi madre y siento su presencia como cuando vivía,
y escucho sus sonrisas y consejos que
/con lágrimas me decía, susurrando.
Y, entonces, siento que mi alma se fortalece
/y mi corazón cobra vida
cada vez que recuerdo a mi madre.

Una pequeña ayuda

Hablando de las madres, aprovecharé para platicarles de una situación que vivió una amiga y que, en un momento dado, se atrevió a contármelo y a pedirme ayuda para superar ese problema. Me contó que tenía ya un tiempo considerable en el que no llevaba una buena relación con su madre y que ella deseaba que se resolviera, pero no sabía cómo salir de esa situación. Me dijo que lo había intentado en varias ocasiones sin tener el resultado deseado, porque de cualquier marera que lo intentó terminaban discutiendo tan fuerte que su situación, en vez de mejorar, empeoraba, y terminaban con insultos en vez de perdonarse y vivir en paz. Yo le dije que la ayudaría con un consejo, pues no podía hacer nada más, y me dijo que si quería, yo le escribiera algo con lo que se dirigiera ella a su madre para tratar de terminar con ese problema entre ellas y perdonarse. Le dije que sí, no me costaba nada escribir algo al respecto, aun sin conocer la verdadera razón por la cual peleaba con su madre. Ojalá eso le ayudara a arreglar la situación con su progenitora.

Entonces, escribí un poema en el que se dirigía a su madre para buscar reconciliarse ambas. Después de haberle entregado el poema, como un mes después le pregunte cómo le había ido, y me dijo que sí le ayudó a contentarse con su madre, y me lo agradeció.

Me agradó saber que fui el instrumento para que ella se reconciliara con su madre y saber que, con esa pequeña ayuda, contribuí para que ellas vivieran finalmente en paz y que se hayan perdonado.

Perdón, mamá

Quiero decirte muchas cosas y no sé cómo empezar,
son cosas que no sé expresar, nunca aprendí cómo hacerlo.
¿Sabes? Cada día, cada mañana, lo pienso al despertar,
y creo que encontré la manera y el valor de expresarlo.

Muy a menudo peleamos, discutimos, nos enojamos sin razón,
encontramos cualquier pretexto para
/decirnos cosas que nos hieren,
pero luego de un rato me arrepiento de cuánto
/te dije y me duele el corazón.
a veces, siento el deseo de que alguien nos diga que nos quieren,

que me des un abrazo sincero, lleno de afecto
/y amor que hace tiempo no siento.
hay momentos en los que deseo ser niña de nuevo
/para volver a sentir tu calor,
sentir un abrazo de madre, sentir tu protección
/y que para todo me des aliento.
que tomes mi mano y me guíes como cuando
/era niña y a raudales me dabas amor.

Que nada malo me pasara cuando era niña,
/a Dios le pedías en tus oraciones;
que, cuando de adolescente, con tus lágrimas vencías mis rebeldías;
que, de niña, para dormirme me cantabas.
/Cómo extraño tus canciones, con las
que de niños, mis hermanos y yo éramos felices.
/Quisiera volver a esos días.

Deseo que me digas "te amo y te perdono",
/es para mí una gran ilusión,
pero no tenemos esa costumbre de expresar nuestros sentimientos.
Por eso, en estas líneas te expreso todo
/lo que deseo y siento de corazón:
vivir en armonía, que como madre e hija
/demostremos nuestro arrepentimiento,
que, en adelante, entre nosotras, reine la paz, el amor y la razón.

Que te acuerdes de mí en tus plegarias cuando rezas,
porque con tus oraciones me acercas a Dios,
porque sería feliz si mi frente besas,
porque deseo que seamos felices las dos.

Nunca es tarde para de nuevo empezar,
nunca es tarde para enmendar el camino,
ser y vivir como madre e hija y no volver a tropezar.
Mamacita, toma mi mano y, de nuevo, camina conmigo.

Profesión: jardinero

De todas las profesiones, ¿cuál sería la ideal que les gustaría tener? Abogado, doctor, bombero, ginecólogo, policía, arquitecto, ingeniero, etc. A mí me gustaría ser jardinero, tener mi vivero, levantarme temprano a regar las flores más hermosas que tendría en mi jardín, podarlas, llenarlas de cuidados amorosamente, tener de todas las flores posibles, conocidas y no conocidas, de las más exóticas y extrañas que existen.

¡Se imaginan! Entrar a mi jardín y ver con asombro las margaritas, rosas, claveles, tulipanes, dalias, y respirar esos aromas tan exquisitos que solo las flores son capaces de producir para nosotros, y cómo nos alegran la vista con sus colores llenos de vida.

¡Ya me imagino! Cuando llegue una bella dama para pedir un ramo de flores para su madre o cuando llegue un caballero enamorado a pedir el más hermoso arreglo de flores para su amada ¡Imagínense! que lleguen unas jovencitas a preguntar por unos arreglos florales para adornar el interior de una iglesia para el enlace matrimonial de una pareja de enamorados.

Eso quiere decir que las flores son el sinónimo del amor. Con las flores les decimos a las mujeres lo bellas que son, con flores nos les declaramos, les decimos cuánto las amamos, con flores les pedimos perdón, con flores las conquistamos y con flores honramos a la madre.

Las flores son el conducto perfecto para decirles a las mujeres lo que deseamos decir en cuanto al amor que les profesamos, el cariño que les tenemos, el perdón que deseamos.

Ellas inspiran a los poetas y escritores para componer los más bellos poemas y las más bonitas canciones para exaltar su belleza, su aroma y su color, en los cuales se les pide a las flores que digan a la mujer amada todos aquellos detalles que uno, la mayoría de las veces, frente a ellas, no se atreve a decírselos. Debemos agradecer a Dios y a la naturaleza por darnos tan bellas flores para deleite de todos nosotros.

Mi jardín

Ser jardinero, de todos los trabajos es el mejor.
En mi jardín tengo las flores más lindas,
las cuido, las protejo, las riego con amor,
y ellas me dan sus colores, blancas, rojas o guindas.

Tengo de todas: hortensia, me abruma con su insistencia,
margarita, me pide que la acompañe cuando está solita,
jazmín, me provoca y con su aroma acabó con mi resistencia,
lirio quiere que le entregue mi amor al instante, ahorita.

Camelia, dice que me quiere, aunque yo le creo a medias,
mirasol quiere casarse conmigo, pero soy muy joven todavía,
iris es hermosa, pero se enoja cuando
/salgo con las gemelas orquídeas,
amapola, mi florecita bonita, es muy joven
/y con ella no me atrevería.

Flor de loto, mi oriental preferida, casi no la veo, pero no la olvido,
gardenia, mi mayorcita experimentada, la llevo en mi corazón,
petunia, mi estudiante tremenda dice
/que con ella soy muy atrevido,
ginger, la más seriecita, mi extranjera
/que me hace entrar en razón.

Rosa, sin duda mi favorita, para mí, siempre la más bonita,
girasol, la que todo el tiempo me regaña, pues es muy celosa,
buganvilia es noble, sincera, romántica y muy calladita,
a dalia le gusta que la lleve a pasear y conmigo es muy hermosa.

Violeta, mi preciosa, es muy sensible, todo le causa llanto,
azucena, siempre que estoy triste, ella me consuela,
azalea es sincera, me cuenta sus penas, me abruma tanto,
nochebuena muy alegre, sueña despierta, canta ¡me desvela!

Begonia es pasiva, responsable, sabia, me da buenos consejos,
adonis, siempre tan perfecta, tan vanidosa, tan preciosa,
alhelí es alegre, muy activa, se pierde, solo le digo que no tan lejos,
cempasúchil, nostálgica, enigmática, tan patriótica, tan hermosa.

Como jardinero, siembro, abono, riego, cuido y amo mis flores,
les doy cariño, las podo con muchos cuidados, hablo con ellas,
y a cada una de ellas les creo una historia. Ellas son mis amores,
imagino que son mujeres lindas,
/que deslumbran como las estrellas.

La primavera

Primavera, palabra llena de amor; primavera, la estación del año que sin duda es la mejor, porque es sinónimo de vida. Estación en que nacen nuevos polluelos en el nido, nacen nuevos animalitos, hay nuevas camadas de ardillas, conejos, cervatillos, etc. Primavera, se abren las crisálidas para dar salida a las más hermosas criaturas que son emblema de esta estación: las mariposas, que con sus alas multicolores, revolotean sobre las flores y, de tantas que hay, no saben a cuál elegir para saciarse de su dulce néctar.

Primavera, estación del año donde se renuevan los amores, invitando al amor a las parejas que han pasado el invierno enclaustrados por el frío invernal y ahora, con la primavera y su calidez, salen cual mariposas presurosas, a disfrutar de sus cálidos días con ese deseo de zambullirse en el mar, disfrutar de las delicias de la playa, sentir la suavidad de la arena en los pies, caminando de la mano con la pareja sin pensar en nada más que en el presente, que es justo el momento de estar solos renovando ese amor que se tienen uno al otro.

Primavera, que le precede al invierno, derritiendo el hielo de los corazones enamorados, inundando de calidez sus almas, preparándolas para el amor contenido que había invernado, hundiéndolos en un sueño profundo, aletargado para el amor.

Primavera, me has concedido la dicha de depositar la semilla de amor en mi amada, semilla que germinará y traerá una nueva vida, que me da la oportunidad de ser parte del mandato divino de multiplicarnos como las estrellas del firmamento y me da la dicha de extender mi linaje, que perdurará a través del tiempo.

Primavera, tal vez cuando regreses verás nacer esa nueva vida y la llenarás de colores nuevos, de calor primaveral. Le cantarán los polluelos nuevos con su trinar cual campanas celestiales, como si las tocaran los propios Ángeles enviados por Dios para dar fe de que, en cada vida nueva, se manifiesta lo divino.

Primavera

Ha llegado la primavera y con ella cantos, abrazos y besos.
Se han abierto las crisálidas, brotan
/las mariposas en su primer vuelo.
En los nidos, los polluelos nuevos cantan con alegres versos,
las flores abren sus pétalos e invaden
/con perfume la tierra y el cielo.

Llegó la primavera con su grandeza,
/esplendor, alegría y hermosura,
la estación del año que sin duda es la
/mejor para hombres y mujeres.
Los hombres tienen flores para obsequiar
/a las mujeres con ternura
y las mujeres corresponden con amor,
/con cariño y tiernos placeres.

Primavera, estación del amor, tiempo para amar sin medida,
tiempo de renacer como las aves, insectos, mamíferos y flores;
primavera, tiempo de lluvia, de siembra, tiempo para crear vida;
primavera, el tiempo en que nacen, se riegan y crecen los amores.

Primavera, dejas atrás el invierno, derrites el hielo de los corazones,
bañándolos con rayos dorados de sol,
/dejándolos listos para el amor.
Primavera, revistes los valles, montañas
/y ríos con atuendos de colores;
primavera, con sol que irradia calidez
/invadiendo mi ser con tu calor.

Primavera, que invitas al amor, dile a mi amada que estoy en el río,
mi alma cálida está lista para llenarla de ternura, cariño y amor,
y ella estará a punto para recibir mi calor que despejará su frío.
Primavera, sinónimo de vida, al inundar a todos de tu calor.

Calor que me abraza, dejándome una sensación de deseo de amar,
y en el río cristalino a mí amada mojaré y disiparé su deseo,
extasiados los dos con nuestro anhelo cumplido al amar,
y, así, en cada primavera, siempre en mis brazos te veo.

Sueño primaveral que deseábamos desde el invierno,
calor primaveral que invita a dormir sin nada, sin ropa.
Primavera, que pasas fugaz, tu tiempo no es eterno,
quédate en mi alma, que está ávida de pasión loca.

Primavera, nueve meses para volver a sentirte, a tenerte.
Esperaré tu regreso y a Dios pediré que te haga eterna,
para que, cuando llegues, mi amor sea eterno, si tengo suerte,
y, así, tendré por siempre a mi amada cariñosa y tierna.

Loco por la novia

Cuántas veces nos ha pasado que un amigo o un conocido llega a tener una novia que es algo o muy diferente a las demás mujeres en cuanto a su comportamiento para tener una relación de noviazgo; se comportan con uno de forma extraña o única y, tal vez, eso es lo que a uno le agrade de ellas, lo diferente, aunque con eso, a veces, nos sacan de quicio. Pero, no voy a negar que, cuando a mí me pasó, creo que lo disfruté. Me volvía loco, me parecía que era el protagonista de una aventura o que era la inspiración para la historia de una canción muy al estilo de Rigo Tovar, de Javier Pasos o de Chico Che y la Crisis. Estos cantantes en ese tiempo estaban muy de moda y tenían unas canciones muy chuscas, pero muy contagiosas y, sin proponérselo, todo el tiempo las andaba uno cantando o chiflándolas, eran muy pegajosas. Ella era muy controversial, me costaba mucho trabajo convencerla para salir, ya que o no le gustaba o no la dejaban salir lejos, y al decir lejos, me refiero a que no se alejaba más de cinco o seis cuadras a la redonda de su casa, no salía del barrio, por lo que llevarla a comer, al cine o simplemente a pasear, ¡ni pensarlo! no la dejaban salir lejos.

A los lugares que salía eran las tiendas, las carnicerías, la tortillería, el mercado, la papelería, la estética, la panadería, estos lugares todos en el barrio. Fue toda una aventura acompañarla a esos lugares y lograr abrazarla y besarla, sin previo aviso, de sorpresa, ya que, si lo hacía lento, de inmediato se agachaba o giraba su cabeza para eludir el beso. Era muy penosa, solo me permitía tomarla de la mano. Eso lo sentía en ese momento y hasta cierto punto muy agradable, ya ven que cuando algo se nos niega o nos cuesta trabajo conseguirlo, nos agrada tanto más lograr obtenerlo.

Ella era muy agradable, muy dulce y exageradamente inocente, creo que esa inocencia de niña es lo que me agradaba de ella, para mí era un tesoro, y posiblemente, para su familia, más.

Desafortunadamente se fueron del barrio, creo que por cuestiones de trabajo de su papá tuvieron que cambiarse a otro estado. Esa muchachita dulce y tierna era una muy buena opción para haber pensado en el matrimonio, ya que, como persona, valía mucho. Espero que, donde quiera que esté, viva muy feliz, ya que ese era uno de sus deseos.

Mi novia

Mi novia dice que me quiere, me hace perder la razón.
El amor, por fin, de nuevo llega a mí.
La ilusión que siento de nuevo alegra mi corazón,
vivo como entre nubes y sueño con ella así.

Un sueño que espero no termine, que dure esta felicidad.
Sus caricias me llevan a un mundo irreal,
cuando me besa siento un torrente de electricidad,
a ese mundo al que me lleva, para mí, es ideal.

Muchachita bonita y alegre, me contagias con tu vitalidad,
noviecita que de energía colmas mi cuerpo,
novia bonita que, con tu amor jovial, me llenas de felicidad,
muchachita amorosa y tierna, me haces vivir como en un cuento.

Novia mía de alegre caminar, de la mano me guías a mi destino,
con cada paso que damos avanzamos a la felicidad,
siempre con paso firme vamos por buen camino,
llegando al paraíso donde todo es amor y tranquilidad.

Mi novia dice que me ama, yo le correspondo dándole cariño.
No existe nada más en mi mundo, solamente ella.
Me ama tanto y me cuida que hace sentirme como un niño,
yo le digo si sabe que la quiero mucho, porque es muy bella.

Esa es mi novia, no sé dónde llevarla el fin de semana,
porque siempre me hace la contraria.
/Si le digo al cine, dice que no;
la invito a bailar, le duele un pie; la invito
/al café, va con su hermana;
la invito a cenar y me dice que no, porque irá con su hermano.

Así es mi novia, dice que le da pena abrazarme
/cuando caminamos por la calle.
Trato siempre de darle confianza, pero piensa
/que solo quiero jugar con ella.
Le quiero presentar a mi familia, pero ella
/no quiere, tiene miedo de que yo le falle.
Por más que le busco no la convenzo, como en la tarde aquella.

Mi novia me quiere, pero juega conmigo,
/apenas me deja darle besitos.
La tomo de la mano, mas no me deja
/rodearle con mis brazos la cintura.
Soy feliz con mi novia penosa, cuando
/me propaso me da mis golpecitos.
Cómo la quiero, besarla, abrazarla, acariciarla,
/para mí, es toda una aventura.

Al padre

Vamos a hablar ahora de los padres, porque también los padres tienen un papel muy importante en la familia. El padre sigue siendo el rey de la casa, el que impone un orden y respeto en el seno familiar, y la madre será la principal responsable del cuidado de los hijos.

El padre será el que estará al pendiente de la alimentación de los hijos, que no falte en la despensa y en el refrigerador lo suficiente para la elaboración de los alimentos diarios, de calzarlos y vestirlos, siempre estará al pendiente de que a sus hijos se les otorgue una educación de calidad, tanto fuera de casa como dentro de la misma, les enseña respeto y disciplina, aunque en muchas de las ocasiones, enseña los valores de una manera ruda, pero efectiva, porque dentro de la disciplina están el aprender obediencia, honestidad, veracidad, respeto, puntualidad y que cumplan con sus obligaciones en el estudio y en el mismo hogar.

El padre es el que ofrece la protección de la familia, el que logra que a esta se le respete, que no lleguen a sufrir agresiones de ninguna índole fuera y dentro del hogar.

El padre, posiblemente, es el que, con su sola presencia, impone respeto y obediencia en la familia y en el hogar por su forma de ser, porque el padre es rudo en todos los aspectos; para enseñar no tiene paciencia, grita y todo lo quiere rápido, las cosas las quiere bien hechas, no es para nada paciente ni sutil para enseñar, pero, muy dentro de él, de alguna manera, detrás de sus gritos y vociferaciones, en el agitar de brazos enérgicamente para impresionar, está muy escondido el amor, el cariño, el afecto que siente por los hijos y, seguramente, estará orgulloso de su familia.

El padre

El padre es el rey de la casa, es la ley fuerte, pero a la vez sutil.
El padre también ama a los hijos,
/con rudeza y a la vez con dulzura,
es el que castiga, aunque se le oprima el corazón,
/y también sabe ser gentil.
Es el que grita, el que exige y el que todo lo da
/en casa, nadie a su altura.

El padre no sufre el embarazo, pero engendra,
/cuida y protege su familia,
y aunque casi no está, con su solo nombre
/provoca respeto en la casa.
Que nadie se meta con su familia, porque es un león
/que cuida de noche y día.
Ser padre es, sin duda, el mayor reto del hombre
/y, con decisión, lo abraza.

Ser padre significa fortaleza, compromiso,
/cumplimiento y protección.
El padre es guía de los hijos; los conduce por el camino del bien,
les dará herramientas para que estos lleguen
/a la meta fijada, visión,
un hogar digno, con educación, valores y recreación también.

El padre para los hijos debe ser un ejemplo
/a seguir, sin acertijos con
honestidad, veracidad, flexibilidad,
/y ser para ellos un mejor amigo.
Estos son valores que debe tener un padre
/y transmitirlos a los hijos,
así, el padre cumplirá con su compromiso
/y, ante ellos, será su testigo.

Padre es aquel que, aunque trabaja
/y casi no tiene tiempo para los hijos,
busca la manera de estar lo más posible con ellos y escucharlos,
saber de sus logros, felicitarlos e invitarlos
/a seguir con los ojos fijos,
para que no decaigan, y apoyarlos
/a que se levanten y alentarlos.

Un padre es la persona que lleva a la familia por un buen camino,
piensa en el futuro de sus hijos, la esposa y de él con destreza,
toma de la mano a su familia para conducirla a su destino,
así le mostrará a su familia que cumplió con su promesa.

El padre procura que los hijos tengan lo necesario para ser felices,
que tengan una vida sana para que se desarrollen plenamente.
Aunque trabaje toda su vida, con sus manos llenas de cicatrices,
su esfuerzo no será en vano, y al final
/del camino, llegará felizmente.

Sabrá que, a través del tiempo, con todos cumplió.
Como amante, como padre, y verá con agrado lo que hizo.
Dará gracias al cielo y sabrá que su trabajo lo concluyó
y su final esperará con alegría y marchará feliz al paraíso.

La amistad

La amistad. ¿Qué es amistad? Es un conjunto de sentimientos que despierta en ti una persona, cuando sientes por alguien aprecio, sinceridad, confianza, lealtad y honestidad.

Aprecio.- cuando alguien te trata mejor que a un simple conocido y sientes por él estima.

Sinceridad.- si aparte del aprecio que sientes, te hablan con la verdad, ya es tu amigo.

Confianza.- cuando ya es tu amigo, te aprecia y se sinceran, ya se tienen plena seguridad.

Lealtad.- cuando ese amigo te brinda confianza, te aprecia y es sincero contigo, ya establecieron una amistad fuera de lo común; comparten tristezas, alegrías, fracasos, sueños, ilusiones, y le confías tus secretos, porque sabes que están seguros con él y con nadie los comentará. A partir de ese momento, son leales mutuamente.

Honestidad.- ya una vez establecida muy bien esa relación entre buenos amigos o amigas, tienen que cuidarse mutuamente, porque siempre existirá alguien que sienta algo de envidia y, seguramente, intente interponerse entre ustedes. Aunque les invente cosas para quererlos separar, tendrán que ser honestos entre ustedes y jamás dar crédito a rumores mal infundados, pensar en los valores que los unen para que esa amistad perdure por siempre.

Esto es básicamente la amistad y, en ocasiones, se rebasan los límites de esa amistad, para llegar a ser como un hermano. Esa amistad verdadera, es un gran tesoro, porque en ella se encuentra siempre la ayuda, el apoyo y, en ocasiones, el consuelo y hasta los mejores consejos.

Porque es el amigo que te escucha, te comprende, te valora por lo que eres y, cuando te equivocas, te hace ver dónde estuvo tu error y te corrige sin criticarte. En los problemas más graves que llegas a tener, te ayuda a resolverlos sin ningún interés, ya que antepone tu amistad a sus intereses.

Amistad

La amistad es un sentimiento y un valor.
Si esta es sincera y verdadera, vale la pena conservarla;
la amistad nos da confianza en la persona
que nos la ofrece y da calor
y, al entregárnosla, no la condiciona.

La amistad es apoyo, es fidelidad, es fortaleza.
Apoyo: cuando se necesita de alguien, allí está dispuesta.
Fidelidad: porque es fiel, nunca traiciona, es amistad con firmeza.
Fortaleza: porque nadie la quebranta y todo el tiempo es honesta.

La amistad debe ser honesta y correspondida,
la amistad no conoce la envidia, el egoísmo y la egolatría.
Correspondida: se obtiene lo que se da, en la misma medida.
Envidia: no desear lo ajeno, ni sentir
/enojo por lo que el otro tendría.
Egoísmo: anteponer el interés propio
/al ajeno, de forma desmedida,
Egolatría, no se siente más que todos, ni ensalza a nadie su valía.

La amistad verdadera se obtiene desinteresadamente, no cuesta,
pero cuando la obtenemos, esa amistad, vale un tesoro.
Una amistad sincera es hermosa y nunca contrarresta,
un amigo de verdad es el que ayuda sin pedir honoro.

Un amigo es como un ángel de la guarda que nos ayuda,
nos cuida y nos protege de todo lo que pudiera lastimarnos;
nos cuida de las malas lenguas, nos ayuda cuando lo necesitamos
y nos protege de todas esas personas que desean dañarnos.

Cuando estamos tristes, nos hacen reír y nos confortan.
Cuando enfermamos, nos visitan, nos dan alivio con su presencia;
si tenemos algún problema, nos ayudan y nos alientan,
siempre está allí el amigo, haciendo feliz nuestra existencia.

Quien tenga un amigo así, correspóndale de igual manera,
porque una amistad así vale la pena conservarla.
Valorar mucho a un amigo que nos apoya con su ayuda verdadera
es un tesoro invaluable, y a esa amistad,
/de agradecimiento plagarla.

Para los hermanos

Ahora vamos a hablar de los hermanos. Independientemente de la cantidad de hermanos que uno tenga, el vínculo entre ambos es y debe ser muy fuerte, ya que se llevan en las venas la misma sangre. Aunque hay familias en las que los hermanos se llevan como perros y gatos, así, literal, regularmente, los mayores son los que aprovechan su condición para dominar a los que les siguen, los más pequeños. Por ejemplo, en mi familia somos diez hermanos, y así fue, los más grandes siempre estuvieron por encima de los pequeños. Yo fui el de en medio y era el foco de atención de mis hermanos mayores; que "ve para allá", que "trae esto", que "tráeme aquello", y para mí era un ir y venir en todo momento. Pero eso, a través del tiempo, me enseñó a respetar a mis hermanos y a tener un vínculo muy fuerte con ellos, de tal manera que, conforme se fueron casando y se iban de la casa, sí llegué a extrañarlos. El amor entre los hermanos existe todo el tiempo, aunque ellos no lo demuestren, porque si algún extraño hace o intenta hacerle daño a los hermanos menores, es en ese momento cuando uno se da cuenta de que los hermanos mayores sí quieren a los menores, porque se ponen muy agresivos para defenderlos, y es cuando sientes un gran orgullo por tus hermanos mayores y sientes también un gran sentimiento que no sé explicarlo; de apoyo y protección, te das cuenta de que no estás solo.

En los hermanos, precisamente, encuentras apoyo, protección, ayuda, tutorías, amor, cariño, todo; porque eso es lo que son los hermanos.

Debe existir el amor, el cariño y el apoyo entre hermanos, no tener diferencias de ninguna índole y pensar que, a través del tiempo, tus hermanos allí estarán cada vez que los necesites, con su apoyo y sus consejos. Tomados de la mano enfrentarán y compartirán todas las adversidades, todos los obstáculos, todas las alegrías, y así permanecerán por siempre mientras se tenga vida y no desvanecer a la nada esa familia que alguna vez fue tan feliz cuando eran niños, sin ninguna preocupación. Todo era aventuras, juegos, travesuras y no se sentía cansancio y se soñaba con un futuro en el que no pasarían penalidades. Hacer de todos esos recuerdos un vínculo que los una aún más a través del tiempo y continuar así por siempre, de la mano, como hermanos.

Hermanos

Hermanos,
no solo son hermanos los que tienen la misma sangre,
hay amigos que la amistad une tanto, que parecen hermanos,
y hermanos que son del mismo padre y la misma madre.
También, los de una religión, entre ellos se dicen hermanos.

Los hermanos, eso es lo que son, hermanos,
porque cuando tienes un mejor amigo, le dices hermano,
porque un hermano, es más que un amigo
/que para ti abre sus manos,
ya sea para abrazarte, consolarte
/o para ayudarte, te ofrece su mano.

Un hermano está contigo en las buenas y en las malas,
pues la sangre siente a la sangre y no soporta que sufras nada.
Si necesitas ayuda, allí está cada vez que tú resbalas,
te tiende la mano, te levanta y te deja la situación arreglada.

Un hermano es un apoyo incondicional, seguro y constante,
si es para ayudarte o para convivir siempre está presente,
todo el tiempo está contigo, si lo necesitas, llega al instante,
lo mismo si él es el que te necesita, estarás allí y no distante.

Un hermano te quiere tal como eres y nunca trata de cambiarte,
el amor, el cariño, el apoyo de un hermano
/es sincero y no traiciona.
Al hermano se le quiere, se le respeta y el vínculo
/que los une es fuerte,
la lealtad de un hermano siempre está
/dispuesta y nunca te presiona.

El hermano es el que mejor te conoce, pues vivió y creció contigo.
A él no lo puedes engañar, él sabe cuándo te pasa algo.
Si tienes hambre, te da de comer; si tienes frío, te ofrece abrigo;
si necesitas dinero, él te lo proporciona sin recargo.

Tu hermano en sí es la mejor persona que estará siempre a tu lado,
por lo que corresponderle igual
/es agradecer lo que para ti representa.
Son hermanos y así se deben de ver, pues él es tu mejor aliado
para que puedas superar las adversidades
/de la vida que se te presentan.

A los hermanos nunca habrá de fallarles,
/aunque en ello se nos vaya la vida,
pues el amor, el perdón, la comunicación
/y la unión son fuertes lazos
que forman un vínculo con base en valores
/que se respetan en familia,
valores que permiten que en un núcleo
/familiar se fortalezca con abrazos.

Son hermanos y, si alguien falla, se abrazan y se perdonan.
Con ese acto honrarán a su padre y a su madre con fervor,
y así, ellos se sentirán orgullosos,
/al saber que sus enseñanzas pregonan.
Son hermanos y entre hermanos siempre
/existirá el amor y el perdón.

Mi hija

Aun amigo le pasó una situación que me platicó con la idea de sacar de su alma atormentada lo que lo agobiaba. Me contó que no sabía cómo ayudar a su hija que estaba viviendo ese estado desagradable: terminar una relación de años de noviazgo, y eso la tenía devastada, inconsolable. A mí me pareció que a mi amigo le dolía esa situación igual o más que a su hija, lo vi muy conmovido y acongojado.

Es cierto que a nosotros los padres nos duele ver que nuestros hijos sufran cualquier cosa que los haga padecer y que en ese momento busquen el apoyo de alguien que no es de la familia, ya sea porque no quieren que uno se acongoje por su situación o porque no le tienen la suficiente confianza a la madre, al padre o a los hermanos, y se encierran en su mundo de tristeza y soledad.

Debo decir que, en ocasiones, en cuanto a los problemas de los hijos, si no les ayudamos o nos hacemos ajenos a su congoja, los va orillando a cometer alguna salida a sus problemas de una manera inadecuada, que podría ser que busquen el desahogo en el alcohol, en las drogas o, incluso, hay quien atenta contra su vida buscando el suicidio.

Por eso hay que atenderlos y apoyarlos, para que el pasaje desagradable que están viviendo les sea menos pesado y no vayan a cometer alguna barbaridad que lleguemos a lamentar por no haberlos ayudado. Yo le comenté que hablara con su hija, que le dijera que terminar un noviazgo no significa que se acabe el mundo, la vida hay que vivirla con o sin problemas, puesto que a pesar de todos los problemas, por muy graves que sean, siempre, al final del camino, habrá una luz que nos guiará a nuestro destino, y no sería con esa persona con la que terminó una relación. Dios tiene un plan mucho mejor para ella, así que no hay que preocuparse, ya llegará el momento esperado, la persona ideal que le dará la felicidad, que llene su vida de alegría, la ame y la colme de dicha por el resto de su hermosa vida.

Así es que mi amigo se dio a la tarea de hablar con su hija y de hacerle más grata su vida mientras encuentra con quién vivir feliz.

He dicho que, al amor, no hay que buscarlo, porque lo encuentras, pero no el que está destinado para ti. Si tienes paciencia, cuando menos lo esperes, llega a tu destino para vivir feliz con amor, por siempre.

Mi niña

Mi niña, no sé qué es lo que te pasa,
solo sé que te veo triste, inconsolable,
no permites hablarte cuando llegas a casa.
Si algo te acongoja, cámbialo por algo agradable.

Solo te diré esto: no sufras, no llores,
lo que sea que te esté martirizando
no te daña, eres valiente, no lo añores,
Eres fuerte y lo que deseas, sigue esperando

Mi niña, se me oprime el corazón verte así.
Lo que te acongoja no te dañará, es pasajero;
piensa, busca la paz en tu interior y verás que,
aunque duele, lo que te martiriza no es duradero.

Eres una mujer de carácter y nada te hará daño.
Siempre has logrado lo que te propones,
y sé que esto no será la excepción. Si es un desengaño,
lograrás superarlo y verás que te sobrepones.

Mi niña, te recuerdo así, y así para mí siempre serás,
y ay de aquel que piense hacerte daño,
porque saldré en tu ayuda y sola no estarás,
así nunca te hará mal ningún extraño.

Si es una decepción, por eso no debes sufrir,
sé que duele, pero no es el fin del mundo.
Sigue tu vida diaria, tienes mucho por que vivir,
y con un poco de fe, el amor llega en un segundo.

Mi niña, no te mortifiques ni desesperes,
tú eres linda y una persona muy valiosa,
ya vendrá quien te valore por lo que eres,
y ese alguien te querrá mucho, mi niña hermosa.

Tú eres mi niña y siempre lo serás,
alégrate, vive feliz y dichosa,
tienes a tu familia, apóyate en ella y verás
que superarás esto más rápido,
mi niña hermosa.

El mundo no se acaba con una decepción,
y mucho menos tú, porque eres una guerrera.
Hay muchas personas que te apoyan, sin excepción;
sal, diviértete, vive la vida sin que sea una carrera.

Un nivel más

El siguiente poema lo llamé "Campeón" y lo escribí pensado en la etapa en que se termina la secundaria y se pasa a la preparatoria. Este trabajo se lo escribí a mi hijo ahora que se terminó el ciclo escolar para, de esta forma, reconocerle el esfuerzo que ha hecho para llegar hasta aquí. Es el ciclo escolar perteneciente al 2017–2020, y es una edad complicada para los jóvenes, porque es la etapa en la cual empiezan un cambio; dejan la niñez para convertirse en jóvenes en la etapa de la adolescencia, en la que sufren ese cambio hormonal rápido y violento, cual volcanes en total erupción. Dejan salir toda esa energía que brota a raudales para hacer crecer y fortalecer sus músculos y los huesos, energía que cambia su cuerpo de niños a personas adultas y que sale a su primer vuelo cual mariposas buscando la libertad al dejar el encierro que les causaba la crisálida. Libertad que piden a gritos, haciéndose rebeldes, y que a todo dicen que no. Buscan independizarse de sus padres, sin saber que esa independencia es solo una ilusión engañosa por esa rebeldía que obtuvieron de la metamorfosis que sufrieron y que les dio, también, energía para cambiar su apariencia, su voz, sus partes de identificación sexual, sus cuerpos en sí. El niño se vuelve más robusto y fuerte; la niña, más sensual y hermosa, y en ese momento están listos para emprender el vuelo y enfrentar situaciones nuevas y fijarse metas, retos y sueños, con esos cuerpos nuevos, cuerpos esperando ser usados para lo que fueron creados. Pero tendrán que esperar el momento y la forma adecuada y responsable para llegar a esa finalidad, el cual esperan impacientes. Habrá quienes no esperen y se apresuren a hacerlo sin ninguna responsabilidad, sin saber con quién, cómo y cuándo debieron hacerlo y sufriendo las consecuencias, pero también habrá quienes sabrán esperar el momento para saber con quién, cómo, cuándo y hacerlo de una manera más responsable.

No está de más reconocerles el esfuerzo realizado en esta etapa del nivel de secundaria y conminarlos a que sigan adelante, que no se queden en el camino, que luchen por llegar hasta el último peldaño en cuanto a preparación académica se refiere, para que lleguen a ser buenos ciudadanos que en un futuro vean la oportunidad de poner su granito de arena para cambiar y ordenar todo este desorden que vive el país, que sientan un verdadero amor por nuestro México.

Campeón

Termino la secundaria,
un escalón más superado.
Sigo mi vida diaria,
mi momento más esperado.

Continuaré otro nivel,
me espera la prepa.
Sé que lo superaré también
y quiero que todos lo sepan.

Termino la secundaria,
un escalón más superado.
Sigo mi vida diaria,
mi momento más esperado.

Aumentarán mis conocimientos,
seguiré con buenas calificaciones.
Para aprender tengo argumentos.
Aprenderé y tendré justificaciones.

Termino la secundaria,
un escalón más superado
Sigo mi vida diaria,
mi momento más esperado.

Para aprender no tendré debilidades,
a los maestros deberé escucharlos,
tendré muchas oportunidades
y sabré cómo aprovecharlas.

Termino la secundaria,
un escalón más superado.
Sigo mi vida diaria,
mi momento más esperado.

Acumularé más conocimientos
que aplicaré a mi vida diaria.
Salgo feliz, me retiro triste,
tengo encontrados mis sentimientos,
pero orgulloso digo adiós a la secundaria.

Termino la secundaria,
un escalón más superado.
Sigo mi vida diaria,
mi momento más esperado.

Los niños

Los niños son el futuro, el anhelo y la esperanza para todos, porque todos anhelamos que nuestros niños estudien una carrera y que se gradúen y con ello, tenemos la ilusión de que lleguen a ser unos profesionistas, para que se forjen un futuro prometedor. Desde su niñez debemos enseñarles a ser responsables, cumplidos y honestos, al mismo tiempo que dejamos que vivan su niñez, que crean, que sueñen, que jueguen, que vivan sus fantasías, procurar su buena alimentación, esparcimiento y un desarrollo físico y mental óptimo.

No debemos olvidar que existen personas que los explotan, que lucran con ellos vendiéndolos, abusándolos, exigiéndoles que trabajen; incluso, hasta en el mismo hogar encuentran todas estas atrocidades que se cometen en contra de ellos, en muchas ocasiones, por los mismos padres o algún otro pariente de ellos. Los niños que desafortunadamente sufren cualquiera de estas horribles situaciones, quedan marcados toda su vida. Aun llevándolos a sesiones con psicólogos, no se les olvida tan desagradable experiencia, por eso debemos de cuidarlos teniendo mucho cuidado de saber con qué personas los dejamos para que los cuiden, porque en muchas ocasiones las mismas personas a las que se les paga para cuidarlos mientras uno se va a trabajar son las que los maltratan, los golpean, sin que uno se dé cuenta de lo que viven los niños. Incluso, cuando avisan que las personas que los cuidan los maltratan, no se les hace caso, hasta ni se les cree y los niños viven un infierno y decepción porque los padres, que son los que deben ver por ellos y brindarles protección, no lo hacen, por lo que se callan y reciben los malos tratos, sabiendo que nadie los ayudará y sufren en silencio.

Los niños son el futuro de nuestro mundo, por lo que tenemos que redoblar esfuerzos para que vivan en realidad esa adorable etapa de la niñez.

Los niños

Los niños son la consecuencia del amor,
el orgullo, el anhelo y la felicidad de los padres;
son la alegría del hogar, los que a la casa dan calor.
Esperan tu regreso y se alegran cuando la puerta abres.

Los niños te hacen enojar, te hacen reír con su sonrisa franca.
Hay niños tiernos, graciosos, traviesos, alegres, tan llenos de vida.
Ellos manchan tu sillón favorito, como tu camisa blanca,
te sacan de quicio, hartan tu paciencia y de rato se te olvida.

Los niños son inquietos, rebeldes, son travesuras,
pero también un niño es cariño, es amor, es ternura.
Juegan, corren, brincan, inventan, son unas dulzuras,
todo lo que hacen y ven, para ellos es una aventura.

También los niños son responsabilidad, preocupación y dolor.
Ser responsables con ellos, que lleven una vida sin restricción,
darles alimento, abrigo, protección, valores y mucho amor,
que vivan su niñez, no apresurar su madurez, denles educación.

A un niño hay que enseñarle que es único,
/que como él no hay nadie igual,
que tiene errores y aciertos, virtudes y defectos,
que entienda tolerancia y flexibilidad, que sea imparcial,
y vea que los niños tienen personalidad, que no son perfectos.

Que sepan sus deberes y responsabilidades,
/sus derechos y obligaciones,
que crezcan sanos en cuerpo y alma, que vivan en armonía plena,
que los momentos que viven se les graben
/en su corazón como canciones,
para que de grandes los recuerden y vean
/que tuvieron una vida buena.

Los niños son el futuro del mundo, serán la fuerza del mañana
y, para que esto sea posible, debemos prepararlos para su futuro,
pero que nunca dejen de ser niños, así crecerán de forma sana.
Los niños son nuestros y debemos cuidarlos
/para un mañana seguro.

Los niños son, en el presente, la inocencia
/pura, un sueño del mañana,
son la ternura que precede a un momento de dicha y amor.
Niños, palabra con magia, etapa
/en la que los sueños se viven con el alma.
Sueños de niños, sueños inocentes, sueños
/con mucha alegría y color.

Los hijos

Toca el turno de hablar de los hijos, porque los hijos, tal vez, sean los que más tienen que ver con nuestras vidas en cuanto a acontecimientos diarios de aprendizaje, responsabilidad y capacidad de decisiones para saber conducirlos hacia un proyecto de buena educación, de valores y llevarlos por buen camino para que alcancen sus metas y realicen sus sueños para asegurarse una vida sin preocupaciones económicas, de salud y laborales.

Desde el momento en que uno embaraza a la mujer, se adquiere una responsabilidad de ver por ese ser que viene en camino y seguramente llenará de alegría y felicidad la vida. El desarrollo del bebé es lento: recién nacido, siempre está acostado y el mundo que conoce es solo el techo de la casa y los miembros de la familia, pero más a la mamá. Cuando se empieza a sentarse y a gatear, su mundo se amplía, empieza a conocer más su entorno; ya tendrá su primer diente, ya come sus papillas, no es solo la leche materna; pasa a la siguiente etapa, en la que ya se sostiene de pie con ayuda y empieza a dar sus primeros pasos, a balbucear sus primeras palabras, empieza a conocer y a recorrer toda su casa, su mundo es ahora más amplio. Sigue la etapa del aprendizaje; se va al preescolar, y su mundo ya es todo un universo lleno de cosas y palabras nuevas por aprender; sigue la educación primaria, en la que aprende sus conocimientos básicos de historia, matemáticas, civismo, geografía y el mundo maravilloso de la naturaleza. En esta etapa, el niño ya sabe socializar con personitas de su edad. Seguirá con la secundaria, donde continúa con su aprendizaje básico, pero ya de otro nivel. Para esto, el niño ya casi está listo para la pubertad; le sigue la preparatoria, y en esta etapa sus conocimientos ya son tan bastos que empiezan a corregir a sus padres y a enseñarles cómo se escribe, cómo se lee y cómo se pronuncian correctamente las palabras, ya son todos unos maestros para nosotros, y eso nos llena de orgullo y satisfacción. En esta etapa empieza su proceso de la adolescencia, etapa difícil para ellos. Sigue el momento decisivo para elegir qué carrera estudiará, ya que la decisión correcta determinará lo que quiere y va a ser por siempre. En esta etapa ya superó la adolescencia y es todo un adulto, y de niño solo sus recuerdos nos quedan.

Hijos

Mis hijos son la ilusión, el anhelo de un sueño
realizado en mi esposa. Son la extensión de la vida,
son el vivo testigo de mi divina existencia de ensueño.
Dios me permitió ser parte de su creación y su mandato
para cumplir con la multiplicación de la vida.

Hijos, son un regalo de la unión que nos da Dios,
la prueba palpable de la existencia de lo divino
que nos muestra el magnífico don que se nos dio
para crear vida y así prolongar el linaje de uno.

Hijos, son la bendición sublime que nos da Dios
por la unión del hombre y la mujer en su nombre,
son el producto divino del amor verdadero de los dos,
son la realización plena de la mujer y el hombre.

Son los ángeles que el cielo nos envía para entender
si estamos preparados para dar crianza a los hijos,
para enseñarles la palabra de Dios que deben saber y creer,
porque, así, se conducirán con la verdad y valores fijos.

Es la descendencia que perdurará para cuando ya no estemos
y se cumplirá la promesa divina
/de multiplicarnos como las estrellas.
Ellos harán eco con sus hijos de todo lo que les enseñamos,
así no se perderán los consejos, los ejemplos y tantas cosas bellas.

Los hijos son el reflejo de lo que son los padres,
si fuimos malos, serán malos; si fuimos buenos, serán buenos.
Por eso habrá que hacer las cosas con estándares,
que tomen el camino del bien y de lo bueno, que no sean ajenos.

Que sean honestos, para que les rodee la dignidad,
que sean fieles en sus creencias, para que obtengan lealtad,
que sean rectos en todo, para que se conduzcan con integridad,
Que hagan las cosas bien, para que encuentren la felicidad.

Que amen a sus semejantes para que encuentren el amor,
que siembren cosas buenas con sabiduría, sin sospechas,
pues, si así lo hacen, nunca conocerán el sufrimiento ni el dolor,
y cuando llegue el momento, obtendrán buenas cosechas.

En sí, los hijos son el orgullo de los padres.
Hay que enseñarles el buen camino para cuando nos digan adiós,
amemos a nuestros hijos para que ellos nos amen,
que sean testigos de lo divino, eso los conduce a Dios.

Los nietos

Los nietos son la segunda extensión de la vida de uno, son la perpetuidad de la existencia de los abuelos, son volver a sentir esa capacidad de entregar amor, de sentir cariño. Los nietos son los que despiertan estos sentimientos casi olvidados, nos devuelven la vida al sentir ese amor sin compromiso, sin deberes, amor solamente, vertido en un ser que representa el regreso, el volver a vivir sentimientos que creíamos no volverían a sentir en nuestros corazones, sentimientos que le devuelven la vida y vitalidad a nuestra alma.

Los nietos son esas criaturitas que nos despiertan la ternura que sentimos hace muchos años cuando nuestros hijos eran niños; los nietos nos devuelven ese sentimiento de ser otra vez útiles para cuidar de alguien en quien ellos confían, de sentirnos con la capacidad de proporcionar protección a alguien indefenso y que es sangre de uno, descendencia directa de nosotros. Ellos serán la viva representación de nosotros en el futuro, cuando ya no existamos; ellos dirán, con mucho orgullo: —Mis abuelos me enseñaron muchas cosas, me dieron buenos consejos y ejemplos, me enseñaron valores de vida.

Ellos serán testigos de la existencia de sus abuelos, porque los nietos transmitirán todo lo que de nosotros aprendieron, por eso, a los nietos habrá que enseñarles cosas positivas, dejarles enseñanzas buenas, de provecho para ellos y su descendencia. Por esta razón, a través de los nietos, nosotros encontraremos la eternidad, mientras los nietos no nos olviden y se hable de nosotros a través de las generaciones.

Por lo pronto, démosles a los nietos una vida llena de aventuras, ya que hoy día los hijos tienen que trabajar y los abuelos una vez ya pensionados, tenemos esa tarea tan agradable de hacernos cargo de los nietos, tarea que nos rejuvenece, nos vuelve a la vida, nos da vitalidad y, a la vez, nos da la oportunidad de criar a los nietos tal como lo hicimos con los hijos.

Hay que ser buenos abuelos, así tendremos buenos nietos y ellos nunca nos olvidarán.

Mis nietos

Nietos son aquellos angelitos venidos
de los anhelos de los hijos, de sus noches
de ensueño, de sus deseos de extender la vida,
de sus desvelos, satisfacciones sin derroches.

Mis nietos son un regalo que Dios me mandó
por haber enseñado a mis hijos como vivir la vida,
un regalo que me gané por vivir como Dios manda.
Nietos, ángeles que nos llenan de mucha alegría.

Mis nietos son la viva imagen de la vida, la travesura,
angelitos que irradian energía como el mismo sol,
energía que invade mi cuerpo impulsándome a la aventura,
e interminables juegos agotadores que aceleran mi corazón

Mis nietos me enseñan a valorar de nuevo la vida tan bella,
vida a la que creí haberle perdido
/el sentido; pero volví a creer por ellos,
porque, para mí, mis nietos me hacen relucir como una estrella,
y con ellos vuelvo a tener alegría y, por qué no, también sueños.

Mis nietos son mi bálsamo, son mi vida, mi libertad y mi orgullo,
bálsamo que me aplican con su vitalidad cuando están conmigo.
Vida que me transmiten, brisa que me
/dice "abuelo" como un murmullo,
libertad al viajar con ellos por mundos maravillosos cada domingo,
orgullo que tengo al saber que son míos
/y los amo como a ninguno.

Mis nietos me hacen la vida alegre y placentera cuando me visitan.
Llegará el día en el que ya no pueda verlos ni disfrutarlos,
por eso, ahora que puedo, los abrazo, les tomo la mano y los guío,
aprovecho el tiempo que están conmigo
/sin descanso, hasta rendirlos.

Pues llegará el momento de partir a entregar cuentas al Creador
y quiero estar listo para ese momento y partir feliz
por haber cumplido con mis hijos y mis nietos, me iré sin dolor
y agradeceré a mi Dios por permitirme vivir en todo muy feliz.

Los nietos son la prueba viva de la existencia de los abuelos,
la representación fehaciente de lo que les enseñaron
para poder vivir en ellos a través del tiempo y en sus sueños,
los nietos son el vivo testigo de que los abuelos existieron.

Mis nietos me darán la oportunidad de vivir de nuevo
en sus vivencias diarias, en sus recuerdos, en sus sueños,
así permaneceré por siempre mientras ellos me recuerden
y sé que mi Dios me los protegerá porque ellos son buenos.
Siempre estaremos con ellos y, aunque son niños, lo entienden,
viviremos siempre en ellos, no nos olvidarán… por ser sus abuelos.

Algo mágico

Voy a contarles una historia parecida a la que les cuento casi al principio del libro, la que tiene el título de: "Amor prohibido", acompañada de su poema: "A escondidas", con la diferencia de que esa historia, la vivió un amigo hace mucho tiempo y esta es de un amigo más reciente. Aunque sí tienen mucha similitud, son muy distantes en cuanto al tiempo en que sucedieron, con casi una diferencia de veinte años más o menos, y en aquella los dos eran casados, y en esta no.

Bueno, pues este amigo, por cierto, compañero, de trabajo, pero muy buen amigo, resulta que se enamoró de una damita, él era viudo el en ese entonces y ella madre soltera. Una ocasión en que coincidimos en el mismo turno me platicó que sentía que estaba enamorándose de una mujer que había conocido en un trabajo que tuvo antes, pero que la siguió frecuentando y, por esa razón, pensaba que se fue enamorando de ella por las atenciones que le profesaba y esos detalles que tenía hacia él. Creo que eso lo llevó a pensar que era amor el que empezaron a sentir el uno por el otro, por lo que me dijo que le compusiera un poema en el cual le dijera que se trataran un poco más con la finalidad de declarársele y pedirle que empezaran una relación sentimental. —Aunque me lo cobres —me dijo. Yo le dije que sí, pero que me diera una idea de qué tipo de palabras o qué le gustaría que dijera el poema, entonces, me dijo, —No sé, tú eres el que sabe de estas cosas, solo te diré que siento algo mágico, porque cuando la conocí, ella me era indiferente, pero poco a poco, tal vez por estar solo, me fui enamorando, así, de la nada, como por arte de magia.

Y bueno, con esas palabras que me dijo, me dispuse a escribir un poema en el cual él le declararía el amor que empezaba a sentir por ella, incluyendo la palabra: magia.

Magia

Quiero conocerte, saber cómo eres, qué te gusta.
Que me dejes decirte cosas bonitas que jamás te han dicho.
Con solo verte me causas emociones tan fuertes que me asusta;
quiero saber qué eres, que al verte me provocas un hechizo.

Dónde estarías escondida que nunca pude verte,
¿será que el destino quiso que te conociera hasta hoy?
Cuando más necesito de alguien que me abrace fuerte.
¿Qué tiene tu boca, qué tienen tus ojos?
/que me siguen a donde voy.

¿Acaso serás la mujer de mis sueños, la que siempre he esperado?
¿Serás, acaso, la mujer que está destinada a darme la felicidad?
Felicidad que siempre busqué y que el destino me ha negado,
pero que en ti presiento encontraré
/de nuevo con el amor y tranquilidad.

Tranquilidad que, por arte de magia, llegas a volcar en todo mi ser,
magia que me llena de satisfacción
/por ser afortunado de conocerte,
magia que emana de tus ojos claros y sentir que me quieren ver,
magia que presiento y pido a Dios
/me conceda ser tuyo, pertenecerte.

Mujer mágica de boca sensual, ojos claros y llena de ternura,
tan deseosa de afecto, de amor, de cariño, tanto como lo deseo yo.
Magia de amor que, si así lo desea Dios,
/te conquistaré con premura
para que seamos el uno para el otro sin temores, solos tú y yo.

Mujer mágica que me ha encantado
/y me ha transportado a un mundo mágico,
lleno de alegría, de fantasías y de amor,
/donde seremos por fin felices,
un mundo donde viviremos el amor,
/para dejar este mundo nostálgico,
un hermoso lugar donde se curarían
/por siempre nuestras cicatrices,
donde lograríamos nuestros anhelos,
/viviendo un sueño exquisito, mágico.

Magia que tú y yo seríamos capaz de realizar
/si nos diéramos la oportunidad
de intentar vivir una vida como siempre lo hemos soñado
y dejar atrás las vivencias que nos hicieron
/daño y no darles continuidad,
magia que nos daría la decisión de hacerlo y no seguir deseando.

Magia del amor que se da cuando este es sincero y verdadero,
cuando dos seres se quieren y sienten
/el deseo mutuo de ser uno del otro,
magia que se da cuando dos almas se buscaban
/y al final se encuentran,
magia que Dios da cuando ve que esas
/dos almas en realidad se aman.

La nostalgia

A quién no le ha dado nostalgia alguna vez en la vida, ya sea por la ausencia del ser querido o de algún familiar, de un amigo o por alguien que se nos adelantó en el camino con el que se tenía un vínculo sólido. Eso nos da una nostalgia tan fuerte que llega uno a deprimirse por no poder olvidar a ese ser querido, pero, si me lo permiten, voy a hablar de la nostalgia del amor que perdió una amiga de la juventud, porque tal vez no resultó como ella lo deseaba y, por esa razón, terminó esa relación.

A mí me da una gran satisfacción que, a través del tiempo, personas que verdaderamente han sido mis amigos y que saben que me fascina escribir poemas y me la paso buscando historias de las cuales inspirarme, me cuentan anécdotas que con la idea de que les escriba un poema y que, con esto, lleguen, en ocasiones, a resolver sus dilemas o a sobrellevar sus penas.

Entonces, en esta ocasión, les contaré de la amiga que decidió terminar la relación que tenía en ese momento. Los motivos me los contó, pero no es mi intención contarlos, ya que respetaré la intimidad de esa relación y en el poema tampoco se detalla el motivo, solo trata del desahogo de una persona como pensando en voz alta, hablando con el hombre en cuestión, en el cual deja entre ver la gran nostalgia que siente al recordarlo.

Y es que esta historia tiene algo de universal. Siento yo que esto nos ha pasado a más de uno y que la mayoría de nosotros nos vamos a identificar con esta historia. Aunque esto no lo escribí inspirado en acontecimientos que me hayan sucedido a mí, debo confesar que sí me llegaron recuerdos de alguien que fue mi novia un tiempo, algo así como la tercera novia o la cuarta que tuve, y fue algo similar a lo que dice el poema, aunque, como ya dije, no es historia mía, es de una amiga que vivió esto tal cual está escrito en este poema. La nostalgia es recordar lo que tuvimos y ya no tenemos, lo que hicimos y ya no hacemos, lo que nos tuvo y ya no nos tiene, lo que debimos tener y no lo tuvimos, lo que debimos hacer y no hicimos.

Nostalgia

Cómo me acuerdo de ti.
De noche miro al cielo
y cada lucero que brilla
me recuerda a tus ojos.

Ojos que ya no me ven más,
como estrellas que se apagaron
y que no iluminaran más mi sendero,
ojos que, tal vez guían, a otra a tu destino.

Cuando contemplo un rojo atardecer,
de inmediato recuerdo tu rostro junto al mío,
tu boca trémula a punto de darme un beso, lleno de placer,
que no me dará un beso más, porque ya no eres mío.

Al caer la noche llena de sombras,
me parece ver en una de ellas tu silueta
en espera de mí, para causarme el placer
del cual disfruté cada noche, en penumbras,

sombras que cubrían nuestro amor tan ardiente
y apasionado, confundidos entre siluetas,
placer que recuerdo y siento deseo de volver a verte,
sentir de nuevo tu cuerpo tibio entre sombras.

Recuerdo las madrugadas llenas de caricias y besos,
te recuerdo dormido en mi regazo y tu sonrisa que contagia,
cómo olvidar los días de lluvia. No volveré a vivir días como esos.
Todo me recuerda a ti, por tu ausencia siento una gran nostalgia.

Nostalgia de sentirte cerca,
de tener de nuevo tu cariño,
de volver a besar tu boca
y terminar con este martirio.

Nostalgia por volver a escuchar tu voz
diciéndome al oído "te amo y tú eres mía".
Nostalgia por estar contigo, por estar en ti,
porque nunca pensé que nuestro amor tendría fin.

La soledad

Hay momentos en los que nos sentimos como perdidos, creemos que todo lo malo nada más a nosotros nos pasa, mas, si estamos pasando por un momento en el que terminamos una relación sentimental, es el momento en que sentimos una gran soledad, aunque estemos rodeados de mucha gente, amigos, compañeros de trabajo, familiares. Aun así nos sentimos totalmente solos, a tal grado que nada nos emociona o nos anima, ni los recuerdos, las noches interminables llenas de pasión, los días de una vida en pareja.

La soledad es ¡horrible! a tal grado que a nadie se la deseo. La soledad nos causa estrés, ansiedad, depresión, tanto, que llegamos a sentir que somos unos individuos que no valen nada, que no merecen ser felices. Nos sentimos las personas más insignificantes en todos los aspectos.

Esto lo vivió una amiga que tuvo la confianza de contármelo, admitiendo que ella había sido la causante de la ruptura de su relación sentimental. Le comenté que soportara las consecuencias de lo que decidió hacer, que le escribiría algo que sirviera para consolarla y que tuviera confianza en el tiempo de que, a través del tiempo, olvidaría lo sucedido.

"Soledad", así llamé al trabajo que le escribí, y es posible que este tema no me haya sido tan difícil escribirlo porque en toda mi vida amorosa, hasta antes de casarme, tuve tantas despedidas que experimenté la soledad.

Sí duele, sí se siente feo, pero, al final de cuentas, como siempre digo: al amor no habrá de buscarlo, porque al hacerlo, nos presionamos y caemos en la desesperación de no encontrarlo y terminamos aceptando a quien no nos conviene. Al amor hay que esperarlo con paciencia y de pronto aparecerá. El amor rechaza a la soledad, la destierra de nosotros.

Soledad

Soledad, eres lo único que tengo y que me acompaña
desde que sufrí aquella decepción de amor.
Tú eres ahora mi única compañía
con la que despierto cada mañana.
Soledad, estás conmigo y me causas tanto dolor.

Dolor por saberme sola sin su amor, sin sus besos.
Desde que se fue no he podido olvidarlo,
lo llevo clavado en el pecho
como daga que hiere hasta mis huesos,
pensando si fue él a mí,
o fui yo quien pudo lastimarlo.

Soledad, lo único que sé, es que, estando sola,
siento una gran tristeza y depresión.
Tal vez mi mundo se acaba ahora,
esta soledad es tan fuerte que
se ha convertido en mi prisión.

Soledad, que, aunque me rodea mucha gente,
estoy sola con el recuerdo de mis días felices,
y entre toda esta gente veo tu rostro
que aun en mi mente sigue latente.
Soledad, apártate de mí, pasa de largo,
busca a alguien que esté sufriendo por otro.

Yo, mientras tanto, trataré de olvidar
todos los recuerdos que tengo aquí,
los desecharé como se tira la basura
para ya no tener que recordar
Momentos que, aunque buenos,
los olvidaré, los sacaré de mí.

Soledad, al final te sacaré de mi vida,
triunfaré y nunca más volveré a estar sola,
volverá a brillar el sol, ya no estaré perdida,
encontraré el amor, pero, esta vez, sin buscarlo
llegará y sabré cuándo, y volveré a ser feliz.
Soledad, palabra que olvidaré, porque al amor
voy a encontrarlo… al fin.

Vive la vida

Siempre en nuestras vidas existen momentos que, a veces, nos parece increíble que nos estén pasando, y uno se hace la pregunta obligada: ¿Por qué me pasa esto a mí? Pero, la realidad, es que todos, algún momento de nuestras vidas, pasamos situaciones en las que se nos va todo hacia abajo, casi todo nos sale mal y lo peor es que, cuando esto nos sucede, en ocasiones es tan fuerte el impacto que la mente se bloquea, no razona, se cierra a todo entendimiento y no le da oportunidad a la razón

Resulta que, en las cuestiones del amor, me he dado cuenta de que soy muy sensible. Siempre que me enamoré, lo hice de manera total, absoluta, intensa y sin condición alguna, y cada vez que esas relaciones se terminaban, sufría bastante. No soporto las despedidas en el amor, me siento como una persona que carece de todo valor, que el amor no se hizo para mí, que nadie me ama, me siento peor que un gusanito de esos que viven bajo tierra y que nadie sabe de su existencia.

Debo decirles que, por esta razón hubo un tiempo que me dio por tomar demasiado. Como de entre mis diecisiete a mis veintidós años de edad, lo hacía tres días a la semana, de viernes a domingo o de sábado a lunes. A nadie escuchaba para dejar de beber, la pobre de mi madre ya no sabía que hacer conmigo, hasta a mis hermanos les daba vergüenza cuando iban a la casa a avisar que fueran por mí porque estaba tirado en la calle, en el jardín o en la casa de algún amigo. Les diré que, aparte de las decepciones de amor, después era porque ya me había enviciado y para mí era imposible dejar de beber.

Pero un día reaccioné y así, de la noche a la mañana, dejé el vicio del alcohol, gracias a Dios. Escuché los consejos de mi familia y amigos, me alejé de la gente que me conminaba a tomar y salí adelante, cambié para bien mío y de todas las personas cercanas a mí y empecé a vivir de manera correcta, a disfrutar esta vida hermosa porque mi Dios me dio la oportunidad de recapacitar a tiempo.

Vive

Cuando sientas que todo se derrumba y que no lo puedes evitar,
mira hacia atrás, recuerda cuando no era así,
y encontrarás ayuda de alguien que no pensabas necesitar.
No caigas, levántate, vive la vida que te tocó a ti.

Recuerda a quien ayudaste y que hoy es el que te ayuda,
Vive para ayudar y la vida te compensará en el futuro,
cosecharás lo que sembraste, sé feliz cada día de tu vida.
Si un muro detiene tu andar, rodea, salta o tira ese muro.

Vive tu vida sin obstáculos, supera las adversidades,
vive feliz con los tuyos, has felices a los que amas,
vive alerta, nunca dejes pasar las oportunidades,
todo se te da cundo pides, nunca si exiges o reclamas.

No amases fortunas, pues, cuando faltes, no te las llevarás.
Vive con tu trabajo hasta que tus manos desmayen de cansancio
y, aun así, continúa trabajando, sé que eres fuerte y no descansarás
hasta que caigas de rodillas rendido
/y a Dios dirás gracias, despacio.

Da ayuda al necesitado, consejo
/al equivocado, consuelo al que sufre;
amor al desamparado, calor al rechazado,
/ánimo al que desea vivir;
compañía al que sufre soledad, alegría al que lo agobia la tristeza,
pues al que es noble y dadivoso, la vida hace más feliz su existir.

Vive la experiencia de ayudar, de convivir,
/de ser amable con todos,
No critiques, no levantes falsos, no ofendas
/a nadie, la lengua es ponzoña,
como mordida de serpiente, dolorosa
/y mortalmente venenosa para todos.
Mejor sé cauteloso, analiza antes de hablar,
/piensa sin ofender, sin dañar.

Vive tu vida como Dios manda, ama
/y enseña, sé ejemplo para tus hijos,
enséñales el verdadero amor, que es
/el de Dios, muéstrales el camino
que los llevará a la salvación donde
/eternamente se vive si hay perdón.
Muéstrales que, en realidad, Jesús los quiere
/y es el verdadero amor divino.

Vive la vida hermosa, no decaigas por fuertes que sean los vientos,
vive y has vivir a quienes amas, que sepan vivir con felicidad,
porque, quien vive feliz hoy, será feliz por todos los tiempos.
Ten ánimo, no temas a nada, ten fe y vivirás feliz con la verdad.

Reflejo

Esta historia es real y muchas mujeres desafortunadamente la viven en carne propia día a día, porque, en la actualidad, los matrimonios no duran como antes, ahora es una modalidad ver madres solteras en cantidades inimaginables.

¿Por qué se da este fenómeno? Desde que empezó a trabajar la mujer en las industrias, allá entre mediados y finales de la década de los sesenta; las industrias empezaron a contratar personal femenino por varias razones. Entre las más comunes, decían que las mujeres eran más productivas, no causaban el ausentismo en el trabajo como el personal masculino, más responsables y, por último y el más importante para el sector laboral, les pagaban menos. A partir de allí, a través del tiempo, la mujer se sintió más independiente del hombre, tenía trabajo, ganaba un sueldo, obtenía prestaciones como el Infonavit, aguinaldo, servicios médicos por el seguro social y, entonces, si le iba mal con el conyugue, no tenía por qué soportarlo, y se empezaron disolver los matrimonios, pues la mujer y el hombre cayeron en una vorágine de placeres fuera del matrimonio. Cuando se dan cuenta de la doble vida de cada quien, deciden separarse, dejando a la pareja. Es raro que el padre se quede con los hijos, pero sí sucede, y cuando esto pasa, la mayoría de las veces dejan a los niños con los abuelos.

Pero yo quiero contar en esta historia que, cuando la mujer se queda con los hijos, ella sabrá cómo, pero tras una lucha titánica, los cría, viste, calza y los manda a la escuela, motivo por el que yo admiro mucho a las mujeres, como, se autodenominan, mujeres luchonas o mujeres guerreras que anteponen la felicidad de los hijos a la suya, porque tienen un trabajo fuera de casa por el que perciben un salario, luego llegan a su casa a trabajar en las labores propias del hogar, atender a los hijos, ayudarles con su tarea. Esto es diario, una labor titánica, pesada y sin un salario. Mujeres, se ganan mi respeto y admiración, porque, con su abnegación por los hijos, los forjan a su modo y los hacen personas de bien, llegando a ser el reflejo de lo que son ellas.

Reflejo

Cada vez que sientas que tu ánimo
/y tu espíritu están hasta el suelo,
que amaneces y no sientes deseos de levantarte y seguir adelante,
que tus fuerzas te abandonan, que quieres
/renunciar y no encuentras consuelo,
toma tu espejo de mano o voltea al que tienes
/en tu alcoba, míralo de frente.

A esa mujer que vez, anímala, dile que es fuerte. Es tu reflejo,
y esa imagen reflejada ante ti, analízala,
/si la ves vencida, lo verán tus hijos
y caerán vencidos, contagiados por la imagen
/que ven en ese espejo.
Levanta ese ánimo, que aliente a tu familia
/y vean el futuro con los ojos fijos.

Preséntales una imagen de sonrisa, de amor,
/con paciencia, y ellos serán serenos
y pacientes contigo, te darán amor y tendrán cariño
/gracias al reflejo sonriente.
Ese reflejo te ayudará a enseñarles a tus hijos cómo deben ser ellos,
y dirán: "cuando sea grande, voy a ser
/como mi madre, una guerrera valiente".

Cuando sientas el deseo de amor, dáselo
/a tus hijos y ellos te corresponderán,
ellos saben que son todo para ti y que antepones
/su felicidad a la propia,
Dios te lo recompensará y encontrarás la felicidad,
/tus penas se disiparán.
Eres sabia y sabrás elegir, no te equivocarás
/y la felicidad será tu socia.

Tus hijos, al ver tu imagen en el espejo,
/verán allí a su madre fuerte,
aprenderán a soportar las adversidades,
/a valorarte y a quererte aún más.
El reflejo les enseñará a valorar lo que tienen
/y eso se grabará en su mente
y nunca se les olvidará el sacrificio
/de su madre por ellos y nadie más.

Por eso, cada vez que sientas que las fuerzas
/te abandonan, busca tu espejo.
Contempla a la persona que ves allí
/y verás a la mujer más hermosa,
sabrás que tiene un nombre y ese nombre
/tiene alma, con un bonito reflejo.
Tu alma te alienta, te da fuerzas, levanta
/los brazos y vuela cual bella mariposa.

Esos brazos extendidos al cielo como pidiendo
/a Dios ayuda o esperando el amor.
El cual sabes que llegará, solo esperas el momento
/preciso y lo esperas con paciencia.
No dejes de ver tu espejo, tal vez a través
/de su reflejo encontrarás ese calor,
Calor que disipará el frio de tu cuerpo, la tristeza
/de tus ojos bellos, tu impaciencia.

Y serás feliz con tus hijos, pues ellos
/son tu coraje para mantenerte de pie
Y por ellos lograrás proezas y lucharás incansable
/y cada uno de ellos te abraza
Reconociendo tu bondad hacia ellos
/y tu protección, tu vida para ellos así es,
Porque ellos son todo para ti y recuerda
/que tú eres y serás el alma de tu casa.

Sacrificio de amor

Para vivir en pareja, no importa cómo se viva, casados o en unión libre, como sea, lo importante es que se viva el momento, que los dos sean felices, que procuren dar todo de sí, que uno no manipule al otro como condicionándole el amor que le provee, que no se le obligue a hacer cosas que el otro no quiere. Para que uno sea feliz, no tiene por qué sufrir el otro, no tiene que existir el sacrificio, Para que el otro disfrute, no tiene que ser así.

A través de la historia han existido amores verdaderos y de ficción donde uno de los dos se sacrifica para que el otro logre el amor. Por ejemplo, en la Biblia, en la historia de Esther, donde ella se sacrifica uniéndose al rey enemigo para salvar a su pueblo; o en la novela de Shakespeare, *Romeo y Julieta*, donde se sacrifican los dos amantes porque no los dejan vivir el amor entre ellos; cuántas veces, en la vida real, muchas mujeres no se han sacrificado casándose con alguien a quien no aman para salvar la situación económica de sus padres o para proteger a alguien de la familia, y así, todo el tiempo, han existido muchas historias en donde en las parejas de enamorados alguno tiene que sacrificarse por amor.

Siempre he pensado que en la vida en pareja nadie tiene que sacrificarse por amor sino qué chiste sería vivir juntos sin quererse mutuamente, si a costa de esto, alguien tiene que sacrificarse.

Vivan el amor con todo su esplendor, vívanlo plenamente de igual manera los dos, que nadie se sacrifique, sientan el amor tal cual, con todos los sentidos encausados en él, y verán qué maravilloso es cuando se hace o se lleva a cabo tal cual es el rito puro del amor, sin tapujos, sin condiciones, en el que, al realizarlo, los dos se transportan en un momento dado al mismo cielo, al paraíso, a esa dimensión espiritual donde habita Dios. Esto tiene que ser así, con la pareja no se tiene que buscar el placer, ya que esto sería poseer y no amar, y si, al contrario, buscamos darle placer a la pareja, eso sí sería amor. Al darle placer a la pareja, al mismo tiempo uno siente ese placer que se busca en el amor, plena satisfacción sin necesidad de buscarla, sin sacrificio.

Sacrificio

Para vivir plenamente el amor, es necesario
Que quien ama, no haga del amor un suplicio.
Si para ser feliz se tiene que llorar a diario,
No, el amor no tiene que ser un sacrificio.

El amor, cuando es totalmente bueno, sincero,
Tiene que hacerse pleno y puro sin llegar al fornicio,
Porque el amor, cuando se da bien, es placentero.
Si el amor es divino, no tiene que ser un sacrificio.

No sufras el amor para que el otro sea feliz.
Si se ama, no se pedirá al otro que se sacrifique.
No se tiene que suplicar amor, ni vivir un desliz,
Si lo haces, no seas quien por amor se mortifique.

Amar sinceramente a alguien no es sacrificio,
No, no debe ser sacrificio amar y dar cariño.
Si sufres engaño y no quieres darte cuenta,
Y por amor vas cayendo en un gran precipicio,
Libérate, no sigas con quien te violenta.

Si encuentras el amor extra matrimonial,
No es sacrificio, mucho menos engaño.
Piensa qué lugar ocupas en esa relación anormal,
Si eres el primer o segundo lugar para ese extraño.

No es sacrificio amar a ese extraño, pero en qué lugar quedas.
Si hay amor, se debe ser el primer lugar siempre,
Y si no, quedarás en segundo plano, relegada aunque no quieras.
Da cariño, pero no de segunda mesa, no sacrifiques lo que sientes.

Si te sientes relegada, renuncia a ese amor, no te sacrifiques,
Sabes que en el amor no debe haber sacrificio.
Mejor vive el amor como debe ser, pero no forniques.
Sabes que en tu hogar te espera el cariño sin sacrificio.

Vive, siente, busca el amor donde lo encuentres sin dolor,
Porque solo sintiendo el amor sin dolor, vivirás feliz,
Porque así sin sacrificio se debe vivir el amor,
Si tú eres de los que aman intensamente recuerda,
Ama, quiere, encaríñate, pero sin llorar, sin sacrificio.

Siempre vive, siente el amor, por nadie te sacrifiques.
Tenemos derecho al amor, no lo veas como un oficio.
Si vez a alguien que por amor sufre, ayúdalo, no lo critiques,
Se debe dar amor por igual y recibirlo, pero sin sacrificio.

La luna

(Ella)

Voy a hablarles de la luna, ese satélite natural que tiene nuestro planeta, ese que, con la luz del sol que le da directamente cuando nuestro continente queda escondido, nos ilumina. Como la superficie de la luna está compuesta por polvo o arena y rocas blanquecinas, al llegarle la luz solar, esta es reflejada hacia nosotros por la luna, como si fuera un gigantesco espejo. Nosotros, desde aquí, la vemos como si fuera una lámpara con una luz potente que nos ilumina. Esa luz disipa las tinieblas que nos envuelven al quedar escondidos de la luz solar, pero, gracias a la luna, tenemos unas noches llenas de luz plateada. Es admirada por escritores, poetas, y compositores, mismos que relacionan a la luna con el amor de una mujer, ya que dicen que cuando la luna está en su totalidad, en toda su circunferencia bañada de la luz solar (lo que llamamos luna llena), es cuando a la mujer y al hombre les provoca grandes deseos de hacer el amor. Yo digo que posiblemente es cierto esto, pues, como sabemos, nuestro cuerpo está compuesto por un 75% de agua y entonces la luna nos provoca algo parecido a una marea, así como al mar, y, al intentar atraernos hacia sí, a la mujer le hace sentirse amada y al hombre le levanta el ánimo de amar. En realidad, la luna nos pone románticos. Cuando está en todo su esplendor nos imaginamos que ella nos observa y le pedimos que cuide a nuestro amor y nos diga dónde está. Le suplicamos que, en nuestro nombre, le diga cuánto lo amamos, llegamos incluso a desear ser como sus rayos de luz para llegar sutilmente a los brazos de nuestro amado y depositar un beso en su boca cerrada e inundar de luz plateada sus cabellos obscuros para convertirlos en cascadas llenas de luz que caen como riachuelos hacia su almohada, riachuelos donde yo encuentro un remanso para mi frenesí.*

---

* Lean el poema de esta historia (pág. 98) junto con el que sigue (pág. 100) leyendo un verso de este y un verso del otro, alternándolos, uno y uno, Los dos poemas se escribieron para ser leídos así.

Luz de luna

(Ella)

Luna,
Tú que estas tan alta y todo ves,
Dime si mi amado viene hacia mí,
O anda perdido.
Tú que puedes, y si quieres,
Dile que por él ayer no dormí,
No, no he podido.

Luna,
Dile que lo espero aquí, donde nos vimos,
Que no se olvide de los besos y caricias
Que nos dimos.
Tú que ves cómo nos queremos,
Haz que recuerde las promesas que hicimos
Cuando nos despedimos.

Luna,
Que envuelves nuestro amor
Con tu manto de luz de plata,
Sabes que lo amo
Y bien sabes que él a mí también,
Que desea tanto como yo estar aquí
Y que me ama.

Luna,
Con tu luz guíalo hacia a mí,
Que no tarde, que yo ya estoy aquí
Esperando su amor.
Quiero derramar en él mi cariño,
Que él derrame en mí, con fuerza,
Su vida.

Luna,
Cuando él llegue y estemos juntos,
Pediré a la nube que disipe tu luz.
Perdóname,
Pero ya viste muchas veces nuestro amor
Y hoy quiero que esta entrega sea sin testigos.
Compréndeme.

Luna,
Quiero decirte hoy
Que esta entrega fue como ninguna,
Que con tu luz él llegó hasta aquí.
Gracias mil, gracias luna.

La luna

(Él)

Ahora corresponde hablar del hombre y su relación con la luna. Al igual que para la mujer, la luna es un símbolo de amor, de erotismo, de romanticismo para el hombre. El hombre, en tiempos medievales, ha creído que la luz de la luna, al estar en su etapa de luna llena, tiene poderes sobrenaturales sobre él y ha creado historias fantásticas de esos poderes, pues pensó que al ser mordido por un lobo, y luego ser expuesto a la luz de la luna llena, se convierte en hombre lobo inmortal con fuerzas descomunales.

En tiempos modernos, el hombre ha llegado a la luna y la ha explorado y ha traído polvo y rocas de ahí para estudiar su composición y su edad.

Pero lo más maravilloso de la luna es que, sin querer, esta tiene que ver mucho con la vida en la tierra, pues sus ciclos tienen una influencia para la vida de todo ser vivo. Tal vez por eso, muy adentro de nuestro ADN, admiramos la luna y se nos hace muy enigmática, pues encierra muchas cosas que aún no sabemos, como, ¿qué esconde detrás de ella? Bien sabemos que la luna tiene una rotación sincrónica sobre su eje con respecto a la tierra como si tuviera dos engranes que están sincronizados para girar igual y siempre tocarse en cada giro, por lo que nosotros, desde la tierra, solo vemos un lado de la luna. Se dicen muchas cosas sobre el lado que no vemos: lo llamamos el lado obscuro de la luna.

Pero, por lo pronto, esta hermosa luna nos seguirá inspirando a nosotros, los humanos, para componerle poemas, canciones y leyendas, y será todavía por muchos años la confidente perfecta de los enamorados y los amantes. Seguiremos también, todavía por muchos años, admirando nuestra hermosa y enigmática luna.

Luz de luna

(Él)

Luna,
Tú que desde lo alto siempre me ves,
Ahora que voy hacia mi amada,
Ilumina mi camino.
Tú me guías y me quieres,
Dime si de mí está enamorada,
Por favor te lo pido.

Luna,
Dile que recuerde cómo nos conocimos,
Que no olvide las palabras de amor
Que nos dijimos,
Y, si vez cómo nos amamos,
Dile que deseo sentir su calor
De nuevo.

Luna
Que iluminas nuestro amor
Y nos conviertes en un cuadro de plata,
Sabe que la amo
Y, tal vez, ella a mí me adora
Y sabe que voy a llegar allí,
Para amarnos.

Luna,
Que iluminas mi camino hacia ella,
Dile que voy a su encuentro
Para amarla sólo a ella.
Deseo que se entregue toda a mí,
Y yo le entregaré toda mi energía
Para satisfacerla, así.

Luna,
Ya voy hacia ella y estaremos solos.
Disipa tu luz por un momento,
Te lo ruego,
Porque hoy quiero amarla como nunca
Y, en su entrega total,
Apagaré su fuego.

Luna,
Te diré que esta noche fue mágica
Y que con tu ayuda de luz blanca
Nuestra entrega esta vez fue auténtica.
Gracias por apagar tu luz por un momento,
Gracias, luna.

La lluvia

Les platicaré algo que a mí siempre me pasa cada vez que llueve. Sucede que la lluvia me confunde: no sé si me alegra o me pone nostálgico porque me trae recuerdos. Pero, de alguna forma, la lluvia me agrada y hasta me gusta mojarme cada vez que llueve. La lluvia invita a encerrarse, a disfrutar del amor, más si es un aguacero. El precipitar de las gotas en la ventana marca el ritmo de las caricias que se convierten en una pasión que se desborda como lava candente, anunciando que el volcán esta por explotar en una potente erupción.

Las caricias se dan de una forma como queriendo fundir a los dos en un solo ser y lográndolo por un instante. Así como la lava que, al brotar, se funde con la tierra, así nos fundimos en el momento cúspide del amor, quedando satisfechos y agotados por el esfuerzo al fundirnos en uno solo por unos instantes. Intentándolo una, dos, tres veces, agotando todas las fuerzas y energías.

Y así se da uno cuenta de que en realidad sucede lo que dice el refrán, que "después de la tormenta sigue la calma". Ya que se acaba la tormenta, el volcán expulsa toda la lava candente que tenía contenida, ahora reposa para reponer su energía, agotado, y el cielo, después de haber vaciado su vital torrente de agua cristalina, se apacigua en una reconfortante calma.

La lluvia

y mi melancolía

Lluvia,
Que caes del cielo y cubres mis lágrimas,
El chocar de gotas en la ventana ahoga mi llanto.
Lluvia, con tu precipitar me hieres y lastimas,
Tú me traes su recuerdo porque aún la quiero tanto.

Lluvia,
Tú me causabas deseos de amarla sin medida
Y un placer de descargar el amor en mi amada.
Ahora me causas, en un recuerdo, melancolía,
Recuerdo vano de mi pasión ya casi olvidada.

Lluvia,
Que me enclaustrabas en una habitación
Para hacer el amor sin prisa, sin medida,
Viajando al paraíso al compás de tu precipitación,
Introduciéndome en esa humedad tan cálida.

Lluvia,
Escuchando el chocar de tus gotas cayendo en mi ventana,
Marcando un ritmo para movernos con una cadencia,
Causando un sonar de besos y suspiros hasta llegar la mañana,
Embriagándome con un perfume, del amor su procedencia.

Lluvia,
Confundiendo tu corriente, cause de lluvia,
Con mi torrente de pasión que viaja al interior deseado,
Y ahora confundes mis lágrimas de llanto, que caen todavía
Con tus gotas de lluvia que mojan mi rostro desencajado.

Lluvia,
Me traes recuerdos de ella y me duele. Lo digo con certeza
Y melancolía por ya no tener ese amor que quiero tanto,
Y que, cada vez que llueves, me envuelve profunda tristeza.
Lluvia, me causas melancolía y tus gotas ocultan mi llanto.

Lluvia,
Apiádate de mí y dile a mi amada que vuelva,
Tal vez ella, bajo esta misma lluvia, está pensando lo mismo
Y en si tú nos vuelves a reunir en esa habitación para revivir
Esos momentos gratos de amor total, sin reservas, ahora mismo.

Lluvia,
Se despejará el cielo y volverán los días felices
Y cada vez que nos reunamos desearemos tu lluvia todavía.
Olvidaremos las heridas de amor y no habrá cicatrices
Y de nuestras vidas se alejará la melancolía.

La libertad

Hay momentos en que, cuando uno termina con una relación amorosa, pasa uno las tribulaciones propias que causa el término de una relación. En algunas ocasiones busca uno ese momento de terminar esa relación, ya sea porque no funcionó, porque alguien de los dos engañó al otro, o hay quien se va sin decir nada y nunca regresa; igual y no se correspondió y, de común acuerdo, se decide terminar.

Aunque sea de esa manera, toda despedida duele y se tiene una sensación de libertad, se llega a sentir que nos acostumbramos a vivir solos. La soledad nos da una sensación de libertad.

Libres de vivir con una pareja, de dar y recibir atenciones, de cumplir con una obligación, hay quienes sienten que es mejor vivir solos que estar soportando enojos, celos y exigencias.

Libertad, palabra que significa tantas cosas y que se manifiesta de muchas maneras.

Cuando alguien sale de la cárcel después de muchos años, siente una libertad indescriptible. Si un país se libera de otro que lo tenía oprimido y este logra su independencia, y queda en libertad, toda esa gente vive esa palabra a flor de piel. Cuando una persona es liberada después de estar por meses sufriendo un secuestro, esa sensación de libertad le devuelve la vida. Ahora, cuando alguien se libera de un crédito, ya sea con un banco, tienda, o incluso de algún prestamista, su sensación de libertad es inigualable. Cuando una persona queda atrapada en un poso, una grieta, en una trampa, en un vehículo automotriz por algún accidente o choque entre dos autos, cuando lo liberan, su sentido de libertad le da una sensación de volver a nacer. Todas esas situaciones son de sentir libertad en cierta forma, son diferentes pero, al final, todas conciernen a la libertad. En el ámbito amoroso, el estar sin compromiso con alguien también es libertad.

Libre

Después de todo lo que vivimos, lo que nos dimos,
¡Pensar que te di todo el amor que en su momento sentí!
Vivíamos en un mundo de ilusiones, de anhelos.
/Después de todo lo que hicimos,
Llego el momento en que, sin pensar,
/sin verlo venir, me quedé sin ti.

Te fue fácil dejarme sin decirme adiós, sin decirme nada,
Sin siquiera una explicación, ni un "ya no te quiero".
Esta despedida sin adiós me dejó el alma triste y destrozada,
Tu ausencia en mi vida me tiene vacío, sin alma, sin cielo.

Voy a superar esto, aunque en ello me cueste quedar sin aliento.
Aprenderé a olvidar, a soportar tu ausencia, a vivir sin ti.
Voy a dejar esta tristeza, trataré de olvidar mi sufrimiento
Y cuando lo logre, ni tu recuerdo ni tu nombre existirán en mí.

Yo encontraré a quién amar aún más de lo que a ti te amé.
Le enseñaré a quererme más de lo que tú me quisiste.
Tú encontraras a quién querer, pero no a quien, como yo, te ame.
Vivirás falta de amor; yo tendré el amor que no me diste.

Cuando veas una pareja dándose amor, recordarás
Los momentos que vivimos y sabrás lo que has perdido.
Querrás volver y será tarde porque no me encontrarás.
Así como te entregaba mi amor, de ti no era correspondido.

Entonces vas a vivir en un mundo de llanto, de indiferencia,
Donde serás la reina, reina de copas y brindarás por tus derrotas,
Lamentando el no haberme amado, descubriendo la diferencia
Entre amar y que a ti te den amor a cuenta gotas.

Por lo que deseo que de verdad encuentres
/el amor tal como lo sueñas,
Y que seas feliz para que ya no hagas sufrir a los que te aman.
Que encuentres quién te quiera por lo que eres
/y no por lo que buscas,
Así, cuando encuentres de verdad el amor,
/sentirás campanitas que suenan.

Yo, por lo tanto, encontraré el amor
/de verdad, porque así lo ofrezco.
Ese amor hará que crea de nuevo en alguien
/y me ayudará a que te olvide,
Porque vivir un amor de verdad me hace sentir que así lo merezco.
Yo, por lo tanto, te perdono, porque perdonar me hace sentir libre.

Calor

Esta historia es muy diferente a la anterior, pues, mientras en aquella se tiene una sensación agradable de ser o sentirse libre de una relación sentimental cuando se decide por un tiempo no tener ninguna, en esta historia es todo lo contrario. Porque en esta se desea encontrar quién le proporcione calor de amor a una mujer que siente un frío por la ausencia de una pareja sentimental, y que se lo proporcione en gran medida. Hay ocasiones en que una mujer, por muy bella o atractiva que sea, no encuentra el amor, ya sea porque talvez es muy exigente para elegir con quien, o, como se dice comúnmente, que no tiene suerte para el amor.

Y efectivamente, existen muchas personas que se diría que para las cuestiones del amor no tienen suerte, pues no encuentran relaciones duraderas. Regularmente duran muy poco tiempo con alguien, y talvez por eso es que sienten ese deseo de encontrar a alguien quien les proporcione un amor estable que les dure lo suficiente para que se den el tiempo razonable de enamorarse, pues pienso que, para enamorarse de alguien, se necesita que uno se dé el tiempo para tratarse, conocerse, para que alguien les dé la seguridad de saber si en verdad sienten algo, para no tomar una decisión apresurada, a la ligera, porque esto los puede llevar al fracaso sentimental, a decidir vivir con alguien así de la noche a la mañana sin siquiera conocerse lo suficiente. Con todas estas situaciones de no tener una relación estable, el cambiar muy seguido de pareja no nos da tiempo siquiera de llegar a conocerla bien, mucho menos de enamorarse de ese alguien.

Entonces, es por eso que se siente ese frio que da la soledad, ese deseo de encontrar quien nos proporcione el calor de protección, calor que da el afecto, calor que da la seguridad, calor que da un amor estable, calor que disipa el frío de nuestro corazón, ese frío que nos da la soledad y la inseguridad,

Frío y calor

Esta soledad me causa un total frío de invierno,
Y tú, con ese calor de verano, me niegas tu compañía.
Anhelo tu calor de verano, más no el del infierno,
Calor que emana de tu cuerpo como sol del día.

Anhelo estar al lado de alguien que me colme de amor,
Que me haga sentir que aún vivo, que me entregue su energía.
Sentir de nuevo un fuerte abrazo, un beso lleno de amor,
Viajar a un mundo de fantasía porque creo en el amor todavía.

Necesito de alguien que en verdad me quiera, que sepa dar amor,
Que tenga el alma buena, que en el amor no conozca el frío,
Alguien con espíritu de ángel, que del cielo traiga su calor.
Un ángel que me envuelva con sus alas y a mi cuerpo vuelva tibio.

Quiero volver a sentir, abrazar un cuerpo que vibre con el mío,
Que disipe de mi alma y de mi cuerpo esta sensación de frío,
Porque mi cuerpo, del frío invernal, está lleno de hastío,
Y sólo se disipará mi invierno juntando tu cuerpo con el mío.

Porque el frio que abraza mi corazón, éste se congelará,
Entonces mi corazón nunca jamás volverá a amar.
Es por eso que, si me das tu calor, mi corazón te amará
Y yo seré la mujer más feliz amando, ya no voy a llorar.

Por eso, te entrego mi cuerpo con su frio invernal.
Sé que sabrás quererme de verdad y al cielo me transportarás.
Esos son nuestros sueños, amar de verdad, no un amor carnal.
Seremos los amantes más felices por siempre, ya lo comprobarás.

Vamos a darnos la oportunidad de sentir, querer de verdad.
Vamos a inventar entre los dos el amor que deseamos tener.
Quiero que nos amemos hablándonos con sinceridad,
Ya verás que entre los dos mucho nos vamos a querer.

Ven y disipa mi frío, que yo sabré conservar tu agradable calor
Y así viviríamos por siempre, sin volver a tener jamás el frío.
Ven y enséñame cómo es y cómo se vive el verdadero amor,
Ven, dame tu calor, disipa mi frío uniendo tu cuerpo con el mío.

Mar y arena

¿Quién no tiene fantasías al estar en la playa? Sueñas con ir a la playa y que te suceda todo lo que imaginas o que te gustaría hacer. Llegar a la playa y de inmediato conocer a una chica que te deje realizar todas tus fantasías que por siempre has tenido. Imagina que llega la noche: conoces a alguien que te llama la atención, de esas chicas que de repente te hacen creer que el amor a primera vista sí existe. Te le acercas, la invitas a pasear en la playa, justo ahí donde las olas terminan y mojan sus pies descalzos sintiendo la arena suave, y la invitas al bar a tomarse unas bebidas y ella pide unas medias de seda, tú te tomas unos vampiros y, siguiendo la charla, la invitas a tu habitación y ella accede. Caminando hacia allá, tú ya vas mentalizando cómo llevarás a cabo dicho encuentro amoroso.

También podría darse que, estando en el bar, conoces a alguien muy bella y le invitas unos tragos, ella pide cerveza clara y tú pides una cerveza obscura y así, saboreando la cerveza, siguen conversando hasta que se dan cuenta de que es la hora del antro y la invitas a bailar. Allí, con el baile, las cervezas y la cercanía de los cuerpos y el rose de los mismos al bailar, aumenta el calorcito y deciden meterse a tú habitación a seguir disfrutando de la velada con un final feliz.

Tal vez ese día en la playa, mientras disfrutas del mar, cuyo oleaje, en ese momento, es más bravo porque el mar está un poco más picado que de costumbre, una bella dama pierde el control en las olas y tú, por suerte para ella, estas allí cerca y la detienes abrazándola de la cintura, ayudándola a recuperar el aliento, ya que se atragantó con agua de mar. Una vez recuperada, te da las gracias por haberla ayudado y tú, amablemente, la invitas a comer unos buenos mariscos. Ella, al sentirse aliviada y por cortesía, acepta tú invitación y se van a comer y aprovechan para conversar, conocerse y, a partir de allí, empiezas un tórrido romance, de esos que sólo se dan en el cine.

El mar

El mar, tan inmenso, majestuoso, mi amigo, mi cómplice,
Allí te conocí, tu piel blanca de inmediato me deslumbró.
Era de noche, la luna, las estrellas y el murmullo del mar
Me animaron a besar tu boca roja y sensual que me cimbró.

La luna llena de octubre nos bañaba con su cálida luz de plata,
Y el mar no se quiso quedar atrás y nos bañó con sus aguas de sal,
Dejando entrever tu silueta de Venus bajo tu pareo de seda blanca.
Te recosté sobre la arena y volví a besar tu boca con sabor a sal.

Una ola, celosa de lo que veía,
/nos arrastró queriendo separarme de ti,
Y lo que consiguió fue que te abrazara
/más fuerte y así pasó la noche.
El nuevo día y el sol nos sorprendieron
/en la arena y otro beso te di.
¡Cómo olvidar esos momentos de cariño,
/amor, pasión, de derroche!

Y así cada noche, con la luna por testigo y el mar, mi cómplice,
Te amé como nunca, con pasión, sobre un manto suave de arena.
Las estrellas parpadeaban para no vernos, provocando un eclipse.
La luna se asomó detrás de una nube,
/iluminando tu cuerpo de sirena.

Playa, arena, sol, música y baile, todo es amor, todo es bello.
La satisfacción y placer mutuo que nos dimos en cada entrega,
Todo eso no lo olvido y no olvido el viento jugando con tu pelo.
Con la espuma de las olas y la luz
/de luna parecías una diosa griega.

No sentí pasar el tiempo que llevo a tu lado, me he perdido.
Pasaron las horas, los días, las noches disfrutando contigo,
Sólo sé que te amaré de nuevo hasta quedar rendido.
Cada noche que estoy en ti, la luna y el mar son mi testigo.

Arena, mar, luna, olas, no las olvidaré cuando me vaya,
Porque aquí conocí a mi amada y aquí la amé con frenesí.
Nunca olvidaré lo que viví contigo aquí en la playa,
Agradezco a Dios porque aquí, sin querer, te conocí.

Mar inmenso, majestuoso, aquí encontré mi destino.
Gracias por darme bonitos días con la mujer más bella.
Luna llena, con luz de plata, ilumina nuestro camino.
Dios, guíanos por el bien con tu bendita estrella.

Las mujeres del mundo

EL SUEÑO DE TODO HOMBRE

Llegar a conocer a mujeres de varios países del mundo, y más, que estas llegasen a tener alguna relación contigo, creo que es el sueño de todo hombre. Y pensar que en realidad sí existen hombres que se han dado ese lujo de tener o haber tenido por lo menos dos o tres mujeres de diferente nacionalidad en cuanto a relación sentimental se refiere, y es que, ¿a quién no le agradaría la idea de tener esa dicha de ser el dueño del amor de más de una mujer de diferente país?

Imaginen que son dueños del amor de una francesa, quienes son famosas por románticas, o imaginen ser dueños del cariño de una japonesa con su amor enigmático, o que pertenecen en cuerpo y alma a una mujer de los Estados Unidos. Imagínense a las mujeres apasionadas latinas: las venezolanas, una cubana, las mexicanas, salvadoreñas, colombianas, en fin, todas las latinas son muy bellas. Ahora imaginen a las europeas, las italianas, alemanas, inglesas o las árabes; las rusas, africanas, todas las mujeres del mundo son bellas porque son la creación más divina de Dios para el hombre.

Bueno, sin hacer menos a nadie, les diré que conocí a un amigo que tuvo esa maravillosa dicha de tener una mujer de varias nacionalidades, las cuales nombro en el siguiente poema. La verdad es para envidiarse la suerte que el destino le dio para haber tenido mujeres de distintos países, algo digno de presumir por todo hombre. ¡Y lo asombroso es que no tuvo que viajar por el mundo para conocerlas!

Esto me dio la idea de escribir un poema emanado de esta historia.

Las mujeres de mi vida

Sin proponérmelo he viajado en el mundo del amor
Al conocer, a través de mi efímera existencia,
Féminas que al camelar con ellas experimento fruición,
Concluyendo que la delectación es una gran experiencia.

Con musas, doncellas, consortes, hembras, mujeres,
He conocido España, Francia, Japón, China y África.
Mujeres hábiles que transportan al universo de placeres
De donde nadie quiere escapar, lugar del cual nadie abdica.

Mujeres dotadas del más mínimo detalle de la diosa Venus,
Mozas que me mostraron Honduras, Nicaragua, El Salvador,
Guatemala, Argentina, Venezuela y México. Sus vinos,
Que tomé embriagándome del más exquisito placer del amor.

Despertando en mí el más vil e insano deseo del fornicio,
Cayendo una y mil veces en las redes del pecado
Cual equino desbocado que en su carrera va al precipicio
Y en su miedo profundo sabe que caerá sin poder evitarlo.

Sabe que morirá sin remedio, pero es más fuerte su miedo
Al freno que el deseo de detener su loca y aventurada carrera.
Deseando que no halen el freno tan fuerte, que al galope pierdo,
Pero frenar el gusto por las féminas, no encuentro la manera.

Igual da una dama, una cortesana,
/una moza, a todas logro seducir.
No olvido detalle alguno y la forma de amar de cada una de ellas.
Hubo quien me volvió loco y quien
/me satisfizo y me supo conducir
Al mismo paraíso, o quien me elevó hasta
/el infinito a tocar las estrellas.

Benditas mujeres, cuánto agradezco a Dios
/del cielo por su existencia.
Aunque conozco el cuerpo femenino,
/todavía me pierdo en sus piernas,
En su pelo, en su piel, en sus senos,
/y sus labios y susurros agotan mi resistencia.
Todo su ser me han entregado, hay quienes
/hasta el alma. Todas son tiernas.

Nunca he sentido que a alguna le pertenezca:
/soy de todas y de ninguna.
Hubo quienes me dejaron, otras que me engañaron.
/Yo las recuerdo todavía,
Todas y cada una de ellas me decían:
/"quiero que sólo seas mío, eres mi fortuna".
A todas las amé, a cada una en su momento.
/Aunque fueron muchas,
Todas han sido y siempre serán… las mujeres de mi vida.

El tiempo

Si me lo permiten, ahora hablaremos del tiempo. Se dicen muchas cosas sobre el tiempo: que el tiempo todo lo cura, que el tiempo nos hace sabios, que el tiempo te ayuda a olvidar, tantas cosas hay acerca del tiempo.

Ahora les diré lo que pienso del tiempo. Para mí es un invento del hombre. Al principio de todas las cosas, los primeros hombres sobre la faz de la tierra se hacían muchas preguntas, buscaban respuestas para todo lo que para ellos era inexplicable o increíble, y una de esas incertidumbres fue el tiempo. Al observar los movimientos de la tierra, de la luna, de los astros, del universo entero en sí, uno se da cuenta de que todo tiene movimiento y la mayoría de estos movimientos son repetitivos, y cada vez que se repite el movimiento completo de un planeta, de una luna, de una estrella, se completa un ciclo y esto le ayudó a los hombres a medir estos ciclos en tiempos. Así es que esta palabra la inventaron para medir todos esos movimientos.

Para el universo no existe el tiempo; a nosotros el tiempo nos sirve para recapacitar, aprender, completar algún proceso o un ciclo de una de las etapas de nuestras vidas. Sin embargo, ese tiempo sí nos ayuda a meditar y a decidir quién o cómo seremos en un futuro. Tiempo es lo que necesitamos para salir adelante en todos nuestros proyectos, nuestras metas, nuestros problemas, y aprovechar el tiempo que nuestro creador le da a nuestras vidas y dejar huella de nuestra existencia en este mundo.

Es entonces que el tiempo, aunque es inventado por el hombre, es una herramienta muy útil que nos ayuda a meditar, realizar algún proyecto, empezar y terminar un proceso, incluso pensar para decidir. El tiempo es el trayecto que se recorre desde el principio hasta el final de cualquier cosa que hagamos.

Se dice que Dios creó todo lo que existe en siete días, para lo cual requirió de ese tiempo para hacerlo. Todo lo que nace tiene un tiempo de vida que se termina cuando muere, y su tiempo es variable, pues para unos ese tiempo se prolonga mucho y para otros es menos su tiempo de vida.

El tiempo

El tiempo es el mejor consejero,
Da sabiduría y enseña a ser paciente.
El tiempo aparenta ser pasajero,
Pero se queda en ti para siempre.

Te hace sentir melancolía
Y a veces sentirte triste,
Te hace recordar con alegría
Los buenos momentos que viviste.

Todo lo que haces tiene un tiempo,
Y ese tiempo se queda en tus recuerdos
Grabados como un tesoro en tu memoria,
Y los revives cada vez que lo deseas,
Y los sientes como tiempos nuevos.

El tiempo me ha dado la oportunidad
Y la satisfacción de vivir mi niñez
Y mi juventud con espiritualidad,
Y fe, hasta llegar a la madurez.

Madurez que obtuve a través del presente y del pasado
Y que me ha costado mucho tiempo en mi existencia.
Tiempo que me falta para concluir lo empezado,
Para terminar mí obra satisfecho y con experiencia.

Ahora más tiempo quisiera para seguir disfrutando
Momentos con mi esposa, mi madre, mis hijos y hermanos,
Para abrazarlos y con ellos seguir siempre caminando.
¡Más tiempo quisiera para siempre estrecharles las manos!

Tiempo es el que decidirá si lo tengo suficiente
/para terminar mi obra
Y ver con orgullo y satisfacción terminado
/todo por lo que luché toda mi vida.
Saber que mi lucha interminable no fue en vano,
/que he terminado ahora
Y que me puedo marchar en paz y en el momento
/que mi Dios así lo decida.

Amor instantáneo

Les voy a contar una historias increíble que una vez me pasó en una tarde de octubre, cuando la luna nos regala imágenes de su majestuosidad. Andaba paseando por el centro de la ciudad de Querétaro, estábamos varias personas, y yo, esperando el cambio del semáforo para darnos el paso y cruzar la calle, y entre esta gente de repente vi a una hermosa muchachita esperando también cruzar la calle. Yo la conocía de vista, era de mi barrio. Como atraído por un imán quise abordarla, pero, al cambiar de color el semáforo, las personas empezamos a caminar para cruzar la calle. ¡Qué sorpresa me llevé!, un joven la tomó de la mano y cruzaron la calle besándose. Yo me propuse seguirlos a una distancia considerable para que no vieran que los seguía e imaginé que era yo quien la llevaba de la cintura. Así los seguí por algunos minutos hasta que vi que llegaron al cine, compraron sus boletos, y se metieron al mismo. Yo me seguí de largo, pero desde ese momento se me quedó grabada la imagen de esa muchachita a la cual yo conocía de vista, aunque ella simplemente ignoraba mí existencia hasta que una vez la volví a ver en la placita principal del barrio. Estaba yo con mis amigos, disfrutando de la noche de domingo, viendo a las muchachas pasear en el jardincito. Les dije a mis amigos que iba a intentar entablar plática con la muchachita que estaba sentada cuando uno de mis amigos me dijo que él la conocía. Yo, a modo de súplica, le dije que me la presentara y así lo hizo él y se retiró para dejarnos allí platicando y, para suerte mía, ella me comentó que había terminado con el novio que tenía y en ese momento yo me reí suavemente, pensando lo que había pasado semanas antes, cuando la vi con su novio, y lo que me había imaginado entonces. Ella, algo intrigada, me preguntó por qué me reía, por lo que le comenté todo lo que hice ese día que la vi en el semáforo hasta que se metió al cine y que, desde ese día, sólo pensaba en ella sin imaginarme que algún día estaría contándoselo. Ella se rio como no creyendo, pero, de algún modo, la convencí de que así había ocurrido diciéndole que me había propuesto conquistarla porque no había sentido amor a primera vista, pero sí amor instantáneo por ella, que parece lo mismo pero no lo es y que estaba a punto de lograrlo. Entonces me retó a conseguirlo y sí lo logré.

Y, a partir de ese día, la seguí frecuentando y nos hicimos novios, llevando una bonita relación, ya que para mí era la mujer perfecta.

Mujer perfecta

Te vi de repente cruzando la calle.
Me cautivó tu frágil silueta.
Me imaginé contigo aquella tarde
Caminando a tu lado, mujer perfecta.

Te quise hablar, pero no supe qué decirte.
De pronto vi que alguien te abrazaba,
Seguramente tu dueño. Decidí seguirte,
Imaginándome ser yo el que te besaba.

Quisiera que diga mi nombre tu sensual boquita,
Que me diga al oído que me amas, así de cerquita.
Abrazar tú delgada y delicada cintura,
Besar esa sensual boquita, con infinita ternura.

Los vi llegar a tu casa, se despidieron con un beso.
Me propuse conquistarte, pedí a Dios me hicieras caso.
Con un poco de paciencia logré darte un abrazo.
Hoy tu amor es mío y quiero que sea más que eso.

Y ahora cruzo la calle, llevándote del brazo,
Siendo dueño yo de tu frágil silueta.
Me gané tu dulce cariño, paso a paso,
Y ahora soy tuyo y tú mía, mujer perfecta.

Y ahora pronuncia mi nombre tu sensual boquita,
Me dice al oído que me amas, así de cerquita.
Me aferro a tu delgada y delicada cintura,
Besando tu sensual boquita con infinita ternura.

Soy tan feliz contigo, mi tierna y dulce mujercita.
Tu amor por mí es ternura que en mí despierta,
Ternura que al tenerte cerca a amarte me incita.
Nunca dejaré de quererte, mujer perfecta.

Quiero estar siempre contigo mi linda mujercita,
Quiero que tú nunca te apartes de mí lado,
Que siempre pronuncie mi nombre tu sensual boquita,
Quiero tenerte siempre conmigo, así de cerquita.

Deseo por siempre escuchar tu sensual boquita,
Que me pida estar junto a ti, así de cerquita.
Seguir aferrado a tú delgada y delicada cintura,
Besar siempre tu sensual boquita con infinita ternura.

Y sigue diciendo mi nombre tu sensual boquita,
Me sigues amando, y eso me gusta y deleita.
Al paso del tiempo te sigo teniendo, así de cerquita.
Siempre te amaré, mujer perfecta.

Coronavirus mortal

Les contaré esta historia que recién pasó. Sabemos que entre los meses de noviembre y diciembre del 2019 empezaron los primero casos del COVID-19, enfermedad altamente contagiosa a través de las vías respiratorias (nariz, boca, y se cree que por los ojos también). Enfermedad provocada por el virus del SARS-CoV-2, comúnmente llamado coronavirus por las características del virus, que parece estar coronado por una especie de espinas. La enfermedad fue declarada pandemia mundial poco antes de terminar el 2019, desencadenando una histeria colectiva.

Para esto, el veintiuno de noviembre del 2020, después de habernos realizado la prueba del COVID-19, resultamos positivos tres de mis cuatro hijos, mis nietos, mi yerno, mi esposa y yo, pues los síntomas empezamos a tenerlos cuatro días antes. Nunca supimos quién de todos fue el que contagió a la familia. Guardamos los quince días de cuarentena, aplicándonos el tratamiento que un doctor nos recetó. No nos dio fuerte la enfermedad del COVID-19, solo perdimos el gusto, el olfato y sentíamos mucho cansancio, levemente dolores de cabeza, nuestras lecturas siempre fueron dentro de lo normal 96 de oxigenación y 36 de temperatura,

A mi esposa y mi yerno si les dio un poco más fuerte, con 79 de oxigenación y 39 de temperatura, estuvieron a punto de la neumonía y necesitaron aplicación de oxígeno, pero gracias a Dios superamos esta enfermedad del COVID 19, una vez que pasamos esta experiencia, creo que nos sirvió para ver la vida de otra manera, como familia somos más unidos, agradeciendo a Dios el habernos dado otra

Oportunidad, para cambiar, para ser mejores personas.

Ahora solo nos queda orar por todas aquellas personas que no sobrevivieron a esta terrible enfermedad que desencadenó en una pandemia que nos tocó vivir, espero que sus familias encuentren en Dios la una pronta resignación y que les dé fortaleza para soportar la pérdida de sus seres queridos.

Nunca pensé

Nunca me imaginé que esto pasaría,
Lunes, 17 de noviembre del veinte veinte.
Nunca pensé que el SARS-CoV-2 nos llegaría,
Contagiando a mi familia de repente.

Mi esposa, yo y tres de mis cuatro hijos
Resultamos positivos del coronavirus,
Igual mi yerno y mis dos nietos chiquitos,
Sólo mi hijo, el mayor, se salvó del virus.

Esto es una experiencia de angustia,
No por mí, sino por mis hijas y nietos.
Saber que están contagiados me asusta,
Me aflige verlos a todos muy inquietos.

Por la aflicción de sabernos enfermos
Del famoso COVID-19, siendo este letal,
Sucedió algo bueno estando enfermos:
A mi familia y a mí no nos pasó nada fatal.

Sólo perdimos el gusto y el olfato unos días,
Cuerpo adolorido, cansancio y dolor de cabeza,
Oxigenación 96, temperaturas de 36, todos los días,
Sabiendo que no nos afectó el COVID-19 con certeza.

A mi yerno y a mi esposa sí les afectó mucho.
Estuvieron a punto de la neumonía,
79 de oxigenación y 39 de temperatura era mucho,
Nebulizaciones y oxigeno cada uno, casi todo el día.

Así estuvimos dos semanas aislados en cuarentena,
Atentos con los horarios de los medicamentos, cada hora.
Horrible comer sin sabor, desayuno, comida y cena.
Sin oler nada los alimentos, como lo hacemos ahora.

El COVID-19 es una enfermedad nueva y contagiosa,
Ya infectó y mató a mucha gente en todo el mundo.
El origen de esta enfermedad es confuso y misterioso,
Enfermedad que nos ha causado a todos un dolor profundo.

Mucha gente no cree que exista esta fatal enfermedad
A pesar de que ya ha causado dolor y muchas muertes.
Ya hay vacuna para este virus, ya no habrá mortandad.
El tiempo nos hará olvidar este virus, se irá de nuestras mentes.

Una vez que se acabe este virus, nos dejará, a todo mundo, luto,
tristeza, dolor y nostalgia por los seres queridos que nos quitó.
Dios con su poder divino nos dará paz, ya que nos quiere mucho,
nos dará resignación, esperanza y fe renovada en Jesús Cristo,
porque es la misma fe que Jesús en su padre Dios depositó.

Cívicamente

Ahora les voy a presentar unos poemas escritos durante mi niñez que son para los niños y jóvenes. Son propios para la escuela, que es donde nos dan un aprendizaje para ser ciudadanos con civismo, donde nos enseñan a tener un gran respeto por los lábaros patrios que tenemos y que son herencia de tanta gente que ofreció, o no le importó dar a cambio, su vida por hacer de este país un lugar digno para vivir, un país con garantías, derechos y obligaciones para cada ciudadano. ¡Este país es tan grande!, y de una gran diversidad de etnias, costumbres y culturas que hacen de este lugar del mundo un país digno de la gente que lo habita y que nace sobre esta tierra tan bonita y orgullosamente mexicana.

Incluso antes de la llegada de los españoles ya teníamos a muchos héroes, grandes personalidades, que, a través del tiempo, ayudarían a formar este gran país. Entre ellos están los aztecas o mexicas, quienes peregrinaron desde el norte del continente, un lugar o una isla llamada Aztlán: por esta razón se llamaban aztecas. Este trayecto lo hicieron los mexicas durante un largo periodo de peregrinaje a causa de una leyenda o mito que cuenta que su dios Huitzilopochtli les ordenó que se mudaran al lugar donde encontraran un águila parada en un nopal y devorando una serpiente. Según los códices que dejaron los aztecas, donde escribían para dejar testimonio de su peregrinar, Huitzilopochtli les ordenó que dejaran de llamarse aztecas para ser mexicas, y ese nombre es el que hasta la fecha llevamos: mexicanos, derivado de mexicas.

Desde este acontecimiento empiezan a surgir héroes como Moctezuma y Cuauhtémoc, y de ahí en adelante muchos otros surgieron a través de nuestra historia.

Acróstico a mi bandera

Bonita y llena de honor, de sacrificios y de historia,
Ante todos los mexicanos de este gran país.
Nuestro lábaro patrio es, y su historia nos dice que está llena de
Días de gloria por todos los héroes que la defendieron.
En cada batalla, día a día, sin dar ni pedir tregua alguna,
Ríos de sangre corrieron por los valles, sangre
/de los que prefirieron morir
Antes que verte mancillada y derrotada por el enemigo.

Nicolás Bravo, tres veces presidente de México, reconocido por
/su generosidad y grandeza de alma.
Agustín Melgar, uno de los seis cadetes que murieron en la
/batalla de Chapultepec. Murió defendiendo su patria.
Cuauhtémoc, en español, "águila que desciende", último
/emperador azteca que vivió y sufrió la invasión española.
Ignacio López Rayón, por su conocimiento en leyes, Miguel
/Hidalgo lo nombró su secretario y fue de mucha ayuda para él.
Otilio Montaño elaboró y redactó el plan de Ayala por órdenes
/de Zapata, dando fe de las intenciones de este, de sus ideales.
Niños héroes: de los seis que murieron en la batalla de Chapultepec,
cinco eran cadetes menos el teniente Juan de la Barrera.
Andrés Molina Enríquez: sus ideas agrarias y su plan de
/Texcoco fueron precursoras del plan de Ayala de Zapata.
Leona Vicario, informante zagas de los insurgentes, Hidalgo y
/Morelos, y principal accionista del movimiento de Independencia.

Morelos, el siervo de la patria con sus *Sentimientos de la Nación*.
Emiliano Zapata, el caudillo del sur, con su plan de Ayala
/y su lema "Tierra y libertad".
Xicoténcatl. Hubo tres hombres con el mismo nombre
/y un solo sentimiento de libertad.
Ignacio Allende, uno de los personajes que inició la guerra de
/Independencia, junto a Miguel Hidalgo y José María Morelos
Carranza, primer jefe de la Revolución Mexicana,
/con su Constitución de 1917.
Agustín de Iturbide, primer emperador mexicano con su plan
/de Iguala, encaminado a la Independencia.
Narciso Mendoza, "El Pípila", con su espalda de piedra para
/protegerse del fuego enemigo y así ganar la batalla.
Andrés Quintana Roo, político y escritor. Fue uno de los personajes
que firmaron el acta de Independencia, esposo de Leona Vicario.

El mundo

(Un panorama de niño)

Nuestro mundo es inmenso y está vivo, por lo tanto nos protege, nos alimenta, nos viste y calza, y nos provee todo lo que necesitamos, por eso nuestro mundo es maravilloso.

Esta es la perspectiva de un niño del mundo en el que vivimos, un niño que ve todo lo que el mundo nos puede dar y lo dice de una manera natural, sin dar tantas vueltas a su agradecimiento por las cosas bellas que recibe del mundo en el que vive.

Y tiene toda la razón, todo lo que produce la tierra y el mar, representa una fuente interminable de lo que necesitamos para vivir: agua, energía, calor, plantas, peces, semillas, carne de infinidad de animalitos terrestres. Si consumiéramos con responsabilidad, y sin lucrar, todos esos insumos, y si se le diera una buena planeación a la siembra, a la pesca, y al sacrificio de los animalitos para obtener su carne, y si no desperdiciáramos el agua, el gas, el petróleo, la madera, los insumos alcanzarían para todos sin la necesidad de encarecer todos los productos que nos ofrece la naturaleza. Esto se lograría si se administraran de manera adecuada todos estos recursos naturales. No existiera el desabasto ni los poderosos que acaparan todo para venderlo de manera en que encarecen el producto para obtener jugosas ganancias sin importarles que en el mundo existen millones de personas que padecen una pobreza extrema, pues a causa de esto se padece de hambre a tal grado que millones de personas mueren a diario en todo el mundo y esto no les importa a los gobiernos de los países, pues les importa más el dinero y el poder. Estos dos factores son los que de cierta manera han provocado las guerras y el afán de dominación en el mundo desde el principio de los tiempos, y hasta la fecha.

Mi mundo

Eres el que un buen día me vio nacer,
El que me dio por techo un bonito cielo
Y por casa un edén que con el tiempo me vio crecer.
Me arropaste con tu calor y de alimento me diste un ciervo.

Me bañaste con tus cristalinas aguas de manantial
Y me arrullaste con cantos sonoros de ruiseñor.
Me enseñaste tu grandeza impresionante, excepcional,
Y todo lo obtengo de ti, de tus entrañas y de tu exterior.

Prometo cuidar de ti sin derramar nada en tus aguas
Que llegara a dañar tus mares y ríos de agua corriente;
Cuidar tu suelo para que siga fértil con mis jornadas arduas.
Cuidar de ti es mi deber, prometo proteger tu medio ambiente

Porque tú me das todo, fauna, valles, bosques, mares y ríos.
Tú me llevas por tus valles y montes,
/y me guías por donde no me hundo
Y siempre me haces sentir que todo cuanto tienes es mío.
Por tu cielo, tus bosques, tu fauna
/y por tus mares, tú eres mi mundo.

La tierra

Este es otro poema de los que escribí siendo niño; un niño ve la vida diferente a como la ve un adulto. Es entonces cuando reconocemos que cuando uno era infante se vivía más feliz, aun con carencias, situación que un niño no comprende a esa edad. Tal vez por eso se vive feliz, porque todas esas carencias que se enfrentan de niño pasan desapercibidas para uno, pues las preocupaciones o prioridades a esa edad son la escuela, las tareas, los juegos con los amiguitos, los juguetes, los dulces, entre otras cosas de la niñez.

Empecemos con la historia: teniendo yo esa edad, recuerdo que era como una esponja que absorbía todo lo nuevo que iba aprendiendo, todo me dejaba fascinado, por eso me gustaba ir a la escuela y todas las materias me encantaban: aritmética y geometría, español, geografía, historia, civismo y ciencias naturales. En este caso, al ver cómo funcionaba la tierra, con sus movimientos de rotación y traslación, y al enterarme de cómo es el mecanismo del ciclo del agua, cómo se produce el oxígeno y la importancia que tienen las plantas y los árboles para este proceso, ese conocimiento lo absorbí y se me quedó grabado como tatuaje en mi pequeño cerebro ávido de conocimiento. Me agradaba mucho saber que la tierra no está sola en el infinito, que existen millones de cuerpos celestes, estrellas, planetas, lunas, y millones de galaxias como a la que pertenecemos.

También me dejó fascinado el saber que a la tierra, por un poco de suerte, le tocó estar a la distancia perfecta de nuestro sol para que exista la vida tal como la conocemos, porque si esa distancia hubiera sido más corta, la tierra estaría mucho más caliente y no podría existir vida. Si la tierra se hubiera alejado un poco más del sol, tal vez aún existiría vida en la tierra, pero no como la conocemos o como la tenemos.

Mi tierra

Para nosotros eres maravillosa, nos paseas por el infinito.
Las constelaciones son nuestras vecinas del firmamento.
A las estrellas nos las muestras por las noches, ¡qué bellas!
Nuestra luna, también muy bella, es inspiración de poetas.
El sol, nuestra estrella más cercana, es la que nos da calor y energía.
Todos los planetas te envidian porque vivimos en ti, ¡tienes vida!
Ahora todos te cuidamos porque no queremos que te acabes.

Tienes la mayor riqueza del universo.
Infinitamente estás en el mejor lugar del cosmos.
En ti existe la vida, esa es tu riqueza y te admiramos por eso.
Rica eres por tu naturaleza y por ti, así somos.
Recurres a tus amigos el sol y la luna,
A ellos les pides que nos den el día y la noche.

¡Gracias, tierra mía!

Nuestro México

Esta historia la escribí siendo muy joven, tendría yo alrededor de doce o trece años, un estudiante ávido de ser escuchado, y me es muy satisfactorio, como debe de ser para todo mexicano, hablar de mi país y abordar un tema que tal vez la mayoría de los mexicanos deseamos decir ante un medio por el cual nos escuchen y sepan de nuestros pensamientos y deseos. Desde que tengo uso de razón, me he fijado que los mexicanos tenemos el potencial para ser un país de primer mundo, pero el gobierno ha actuado solamente para enriquecerse, por eso hacen de todo para estar en el poder: asesinatos, manipulación de elecciones, compra de conciencias con dádivas (dinero o despensas).

Esa es nuestra historia y verán que es cierto, aparte, el gobierno no deja que el país se desarrolle como debe de ser, pues no existe un plan de educación excelente para que los mexicanos seamos grandes profesionistas en cualquiera de los campos: tecnología, aeronáutica, ingenierías mecánicas de vanguardia, nanotecnología, sistemas tecnológicos de cómputo. No dejan que tengamos científicos para que México sea un gran país y explote todo ese potencial que tiene en sus recursos naturales o que tenga industria de primer mundo, que fabrique automóviles, aviones, productos electrónicos y eléctricos, que todas las marcas propias mexicanas compitan con las mejores del mundo. Nuestro país es rico en recursos naturales, pero al gobierno le parece mejor vender estos recursos, a los amigos o a los extranjeros, para bien de ellos y no del pueblo.

Yo creo que se llegará al día en que tome el poder un hombre que cambie la mentalidad de los gobiernos, ya que nada es eterno, y el bien siempre vencerá el mal.

México

México amado, si llegas a ser grande,
Pido a Dios me permita vivir para verte
Y, si es posible, para morir por ti. Doy mi sangre
Para que seas una nación libre y fuerte.

México, eres un gigante del mundo
Porque por Dios estás hecho de barro
Y tus ríos son tus venas y tus selvas tu atuendo,
Tus montes y valles te dan ese color de guijarro.

México, yo creo en ti, como creo en Dios, que por Él fuiste creado.
Creo en los cantos de tus aves, en los cantares de tu pueblo,
En el murmullo del viento que cruza tu volcán más elevado,
Creo en tus cantares, en ese murmullo que se escucha en el cielo.
Ese es tu llamado, esa es tu voz y, al escucharla, tiemblo.

Patria mía, creo en ti, creo en tu gente,
Creo en la grandeza de tus pueblos, de tu raza,
Porque somos herederos de una estirpe valiente,
Somos indios de sangre pura y un corazón que abraza.

Patria mía, somos más los que cuidamos de ti,
Somos más los que reforestamos, los que te formamos,
somos más los que hacemos todo por ti.
Patria, tan llena de gloria, de la historia que para ti forjamos.

Patria mía, llena de recursos infinitos, mi México,
Lugar de sueños, de anhelos y de ilusiones.
Patria mía y de toda tu raza, mi pueblo mágico.
Tierra multicultural de fiestas que llenan de emociones.

Mi México, tierra de valientes que nunca dan paso atrás,
¿Hasta cuándo dejaremos de ser un país pasivo, sin despertar?,
¿Cuándo seremos el país grande, sustentable y cuándo lograrás
Que nadie emigre fuera, buscando oportunidades para trabajar,
Buscando ilusiones y sueños que aquí podría encontrar?

México, demos ese paso firme
/para ser un primer país y no un segundo.
Sólo sería posible si todos nos proponemos cambiar tu rumbo,
Si hacemos las cosas como debe de ser, con un cambio profundo,
Para lograr ser grandes como país,
/sin buscar sueños por el mundo.

México, seríamos un país grande porque somos mejores.
Tal vez hemos olvidado que estamos destinados a ser grandes,
Y debemos tener siempre en la mente, y que nunca se nos olvide,
Que aquí en nuestro país también hay oportunidades.

México amado, si llegas a ser grande,
Pido a Dios me permita vivir para verte
Y, si es posible, para morir por ti. Doy mi sangre
Para que seas una nación libre y fuerte.

Espiritualmente

Creo que ahora hablaré un poco de lo que se cree en cuanto a religión. Ya sea oficial o no, reconocida o no, lo importante es que, si creemos en algo o alguien, esa fe que tenemos o depositamos en lo que creemos sea la verdad que buscamos, que no andemos creyendo aquí, buscando allá, o hablando mal de lo que no nos convence o de lo que no conocemos en realidad.

Debemos de estar convencidos de que nuestra creencia es lo que toda la vida hemos buscado y que al fin la encontramos. Debemos ser firmes en lo que creemos respecto a esa religión o credo y no dejarnos llevar por conocidos, y menos por desconocidos, cuando nos dicen que ellos conocen otro credo, otra religión, que es mejor, que allí no te engañan, que no te piden diezmo, que, al contrario, allí te ayudan económicamente. En fin, que no traten de convencerte con cosas o temas que no tengan nada que ver con el aprendizaje o doctrina que una religión reconocida oficialmente te enseña.

Ya cuando estés convencido de lo que quieres y buscas, llénate de esa sabiduría que te enseñan, abre tu corazón a ese conocimiento que seguro te llenará de paz interior y que hará tu alma feliz y regocijante de dicha al sentir que llevas a cabo esa vida. Porque fe es creer firmemente en algo o alguien y si eres de las personas que desean transmitir la creencia o el conocimiento del que estás completamente convencido, hazlo, pero de una forma en la cual no obligues o fuerces a nadie a creer en lo que tú crees, ya que cada persona es libre de decidir qué religión seguir, en quien creer: libre albedrío.

Mi plegaria

Padre mío, Dios mío, pido de corazón
/que inundes mi ser de bondad
Y que mi alma, que a ti te pertenece, la llenes de fortaleza
Para saber y poder perdonar y para
/conducirme hacia ti con humildad.
Eres mi dios y sé que estás conmigo,
/y de mi corazón eres la fuerza.

Para no dejarme vencer por la tentación
/del pecado y la promiscuidad,
Bríndame tu mano para que me guíe por el buen camino.
Eres mi dios, en ti confío y sé que en ti mi alma se llena de felicidad
Porque solo tú sabes lo que vivo y en tus manos confío mi destino.

Destino que sólo con tu ayuda sabré elegir con sabiduría.
Tu ayuda será para mí saber que me perdonas
/y que tendré otra oportunidad
Para corregir mi vida, purificar mi cuerpo,
/alma y espíritu y vivir en alegría
Por saber que me has perdonado, y viviré
/en ti por toda la eternidad.

Padre mío, Dios mío, escucha mi plegaria
/que con humildad te digo.
Siento tu presencia divina, siento en mi ser que sí me escuchas,
Mi corazón se acelera de gozo y mi alma
/se llena de júbilo al estar contigo.
Dios mío, no me desampares, cuídame, ayúdame,
/que mis penas son muchas.

Padre mío, Dios mío, lléname de tu espíritu,
/abrázame con tu misericordia,
Protégeme de todo mal, llena mi corazón
/de fe, de amor, de caridad,
Para que mi alma encuentre la paz en ti,
/para que viva en concordia,
Eres mi Dios y en ti está mi esperanza
/de alcanzar el perdón y la claridad;

Para llevar una vida plena de rectitud
/y conducir a mi familia a ti porque es tuya,
Para que ellos volteen hacia ti y sepan
/que en verdad tú eres nuestra salvación,
Que a través de tus enseñanzas nos conduces
/a la vida eterna, ¡aleluya, aleluya!,
Que sepan que nos amas y que te sigan, que allí está tu invitación.

Que sepan que el seguirte, aprender de ti,
/y llevar a cabo tus enseñanzas,
El practicar la caridad, la bondad,
/el amor y el perdón sinceramente,
Nos hace gratos a tus ojos y viviremos con esperanzas
De conducirnos hasta ti para gozar del paraíso eternamente.

Así que, cuando me llames a rendir cuentas ante ti, Padre mío,
Para mí será ese momento el más feliz de mi existencia
Porque sabré que sí he sido perdonado
/a causa de mi arrepentimiento sincero,
Estaré con el alma henchida de gozo ante ti, en el paraíso eterno,
Y gozando de tu divina presencia. Amén.

Mi lupita

Esta historia se trata de mi Virgen de Guadalupe.

Hace un buen tiempo trabajé en una empresa canadiense y de la matriz, que está en Canadá, mandaban al taller a técnicos extranjeros (un canadiense, un inglés, un japonés, y un croata). Ellos eran los responsables de hacer el *checklist* de los herramentales para los nuevos proyectos, y hacían pruebas hasta que el cliente los liberaba para empezar a producir. Concluido su trabajo, los técnicos extranjeros se regresaban a Canadá. En una ocasión, en vísperas de diciembre, escribí un poema a la Virgen de Guadalupe para la fiesta del 12 de diciembre en la empresa. Cuando lo tuve listo, lo imprimí en inglés y en español, ya que en la empresa trabajaban extranjeros y entre ellos se hablaban en inglés. Coloqué el poema, en los dos idiomas, al pie del altar de la Virgen, y por esas fechas llegaron los extranjeros que iban al taller a trabajar con proyectos nuevos.

Como a una semana del 12 de diciembre de ese año, el croata estaba comentando el poema de la Virgen con mi supervisor, allí en el taller. Mi supervisor me llamó para decirme que el croata preguntaba si conocía a quien había escrito ese poema y entonces me presentó con él y él me dijo que le había gustado mi poema, que en dos días se iría a Canadá y pidió que le regalara una copia de este. Le dije que al otro día se la llevaría.

Al siguiente día, le regalé dos copias, una en español y otra en inglés. Me dio las gracias y seguimos trabajando. Como a los nueve meses, regresó, me buscó y me platicó muy emocionado que en Canadá trabajan varios mexicanos, y que en el taller tienen una virgen de Guadalupe y ahí les colocó el poema. Todos le preguntaban de dónde había sacado ese poema y él les contestaba con orgullo: "En México tengo un amigo poeta y me los regaló". Me dijo también que había ido de vacaciones a su país y en su casa, en la sala, había colocado la imagen de la Virgen de Guadalupe y el poema, y le preguntaban de dónde era esa imagen y que él, con entusiasmo, contestaba: "De México y allá tengo un amigo poeta, este poema es de él y me lo regaló".

Este poema por lo menos ya trascendió las fronteras del país y me llena de orgullo saber que a una persona que no es mexicana nunca le dio vergüenza pregonar la imagen de la Virgen de Guadalupe y mi poema.

Madre mía de guadalupe

Madre mía de Guadalupe, madrecita linda y amada,
Tú eres nuestra reina y madre celestial,
Eres nuestro consuelo y ayuda deseada,
Bendita tú entre las mujeres
Y bendito tu amor maternal.

Madre mía de Guadalupe, madrecita linda,
Recibe mi humilde oración que con fe imploro,
Que con flores vengo a rogar y sé que me escuchas,
En ellas van nuestras esperanzas y plegarias,
Esperanzas por el pedir de tantas cosas
Y plegarias para que escuches nuestras suplicas.

Madre mía de Guadalupe, madrecita linda,
Te pido que me ayudes en mi trabajo,
Así como a mi familia en mi hogar;
Que esperan con anhelo mi regreso a casa,
Y yo con tu ayuda espero llegar con ellos
Sano y salvo después de una jornada de trabajo.

Madre mía de Guadalupe, madrecita linda,
Te pido, con humildad, nos ayudes,
Nos cuides y nos protejas siempre y en todo lugar,
Contra toda mala acción,
Contra toda cosa sobrenatural,
Contra todo pleito, contra todo accidente,
Contra robo y envidias.

Madre mía de Guadalupe, madrecita linda,
Te agradezco de corazón que nos escuchas,
Y que atiendes nuestras oraciones,
Que, aunque nuestras peticiones son muchas,
Tú nos las concedes y nos llenas de bendiciones.

Madre mía de Guadalupe, madrecita linda y amada,
Tú eres nuestra reina y madre celestial,
Eres nuestro consuelo y ayuda deseada
Bendita tu entre las mujeres
Y bendito tu amor maternal.

¿Qué religión seguir?

Hablando de religión, sabemos que existen muchas religiones, y todas dicen ser la verdadera, la que sí cumple con los mandamientos que Dios nos dio. Yo pienso que la religión verdadera es la que te enseña lo que buscas, la que te convence con su doctrina, en la que encuentras la verdad que deseas saber, la que te la enseña y, con ello, la salvación y la vida eterna. Bien sabemos que sólo Jesús nos prometió la vida eterna, sólo si llevamos a cabo la doctrina que nos enseñó: que cada quien es libre de seguir o creer en la religión que haya elegido. Sólo les digo que, cuando se entreguen a la religión que deseen, o les convenza, sean muy cuidadosos en su elección, ya que, en realidad, existen muchas ideologías que se han derivado de la original. Si las religiones que se supone son oficiales han cometido delitos contra sus feligreses más vulnerables, las mujeres y los niños, imaginen las atrocidades que harán con sus seguidores las que no son reconocidas.

Yo digo que la verdadera religión es la católica. Si se estudia la palabra de Dios y se llevan a cabo sus mandamientos, encontrarán la paz, el perdón, conocerán a lo que se debe tener fe para estar al nivel de espiritualidad al que estamos destinados a llegar, conocerán que todo esto, al final, nos llevará a obtener el perdón para ganarnos así la vida eterna.

El siguiente acróstico fue escrito para la persona de la cual lleva el nombre. En su momento, Dora pasaba por varios problemas y este poema se lo dediqué para que se reconfortara. Obtuve su permiso para incluirlo en el libro.

Dora maría

ACRÓSTICO

Dios está contigo, te quiere, te cuida y te ama.
Observa todo lo bueno que te ha dado y agradécele,
Ruega porque siempre esté contigo, en tu alma.
Amalo, siéntelo en tu corazón y por ti pídele.

Mientras ores a él, pide también por tu familia.
Alabanzas y oraciones de corazón ayudan para que te escuche.
Recuerda que dijo: lo que pidas a mi padre
/en mi nombre, se te dará.
Imagina, si Dios es bueno, no te negará nada a ti ni a tu familia.
Alza tu mirada al cielo, dile a Dios lo que anhelas y Él te ayudará.

Mantén firme tú fe y no cambies tu ideología
/respecto a la religión.
Abraza tus creencias y vive feliz así, cada día.
Recuerda que, si tú eres feliz, tu familia también lo será.
Tienes a Dios de tu parte, te llama,
/sólo tienes que atender su petición.
Inmortal tiene que ser el amor que le tienes y no perecerá.
No tendrás temor a nada, ni a la obscuridad,
/pues el señor es tu luz,
Él te guiará por el camino del bien y a través de él te salvarás
Zurciendo tu vida para realizar un cambio
/y lo juras besando la cruz.

Hermosa persona es lo que eres y vencerás obstáculos con tu fe,
En cualquier situación siempre lograrás salir victoriosa.
Recuerda que él nunca te abandonará mientras tengas fe,
Nunca olvides sus enseñanzas y eso te dará más fortaleza.
Aunque se te presenten adversidades, tenlo siempre presente.
Nadie te hará cambiar y nadie te hará daño,
/pues tu fe es tu fuerza,
Dios te hizo fuerte de carácter y eso te ayuda a ser una vencedora.
Envuelves tu vida, actuándola, siendo
/tú la protagonista de una comedia,
Zarzuela llena de cantos donde se grita
/y aclama tu nombre: Dora.

Agradecimientos

Me quiero dar otro pequeño espacio para agradecer a todas aquellas personas que me ayudaron a realizar este libro, ya que, como es el primero, desconocía los procedimientos para llegar a que se editara.

De igual manera, a las que me ayudaron a elegir los poemas que este libro contiene. Yo les garantizo que cada uno de los poemas se eligió con la idea de llegar al gusto de todas aquellas personas que obtengan este ejemplar y que cada verso, cada rima, cada poema que lean, les hará sentir emociones gratas.

Casi estoy seguro que a más de uno les hará vibrar de emoción y llegarán a pensar que algún poema fue escrito para ustedes, y así es.

Por eso agradezco la ayuda y el apoyo que muchas personas me ofrecieron incondicionalmente. A todas ellas, por su apoyo y por sus palabras de aliento para seguir con este proyecto llamado:

POEMAS CON HISTORIA
del amor nace la poesía

Catalina Morales Nieto

María Guadalupe López Morales

Maricela López Morales

Ángel Jesús López Morales

Juan Pablo López Morales

Lourdes Maldonado

Cecilia Lizárraga

Alejandra Martínez

¡MIL GRACIAS!

www.ingramcontent.com/pod-product-compliance
Lightning Source LLC
Chambersburg PA
CBHW060113170426
43198CB00010B/879